당신의 PT를 종결시킬 단 한 권! >>>>>>

양선수의
온라인 PT

양선수 지음

싸이프레스

PROLOGUE

필자는 스무 살이 넘어 처음으로 헬스를 시작했다. 그 이전에는 학창 시절 체육시간에 축구 말고는 이렇다 할 운동을 해 본 적이 없었다. 돌이켜 보면 어린 시절부터 '그냥'이라는 단어를 유독 싫어했다. 세상 모든 일에는 이유가 있고, 보디빌딩의 움직임에도 그 이유가 있다고 생각했다. 필자 또한 운동을 통해 몸의 변화를 경험하고 싶었고, 그러려면 운동에 대한 배움이 필요하다고 느꼈다. 필자보다 운동을 잘하는 사람들에게 가르침을 구했고, 일명 보디빌딩 선수라고 불리는 사람들에게도 운동을 배워봤다.

그러나 몸의 변화를 경험하기도 전에 배운 지식이 필요 없다는 생각이 들어 혼자 운동을 시작했다. 현재에 이르러 보디빌딩이 대중화되었지만, 예전에는 주먹구구식 운동법이 만연했었다. 심지어 몸이 좋고 오랜 운동경력을 가진 사람들도 티칭 능력이 부족해 운동방식이 전달되지 않았다.

필자는 그 이유가 운동할 때 원리를 고려하지 않고 자신에게 맞는 운동방식만 고집했던 것이 문제라고 생각했다. "내가 이렇게 운동하니까 너도 이렇게 해."라는 책임감 없는 교육 방식에 염증을 느끼게 되었다. 이러한 방식은 부상을 유발하고, 최악의 경우 다른 사람을 가르치다가 그 사람에게 부상을 입힐 수도 있다.

트레이너를 시작할 때부터 다른 사람을 가르치기보다는 자신의 몸을 만드는 것을 더 중요하게 생각하는 사람이 많다는 것을 깨달았다. 그러나 필자는 나의 운동보다는 티칭을 더 중요하게 생각했고, 운동은 티칭을 더욱 잘하기 위한 일종의 공부였다. 필자의 운동방식을 어떻게 하면 회원들의 신체에 맞게 적용할 수 있을지 늘 고민했다. 오랜 세월 동안 보디빌딩 시합에 출전했지만, 시합은 몸을 만들어 회원들에게 비주얼적인 신뢰를 주기 위한 수단이었다. 언제나 1등을 노리는 일류선수는 아니었지만 경쟁력 있는 선수였고, 시합 성적과는 별개로 티칭 능력만큼은 무조건 1등을 목표로 공부하고 운동했다.

현실적으로 수많은 트레이너들이 우승을 위해 노력하다 보니 티칭 능력을 키우는 데 여러 면에서 여력이 없다. 그렇게 오랜 시간이 지나면 티칭 능력을 키우기에는 이미 늦어 버려 자신의 운동 실력에 비해 티칭 능력은 부족한 트레이너라는 꼬리표를 달게 되는 경우가 많다. 좋은 트레이너가 되기 위해서는 적당한 티칭 경험으로는 부족하고, 오랜 시간 여러 사람을 티칭해 봐야 한다.

　　현재는 시간 제약으로 예전보다 티칭을 덜 하고 있지만, 트레이너 경력과 상관없이 필자가 대한민국에서 가장 많은 티칭을 한 사람 중 하나라고 자부한다. 운동을 교육하는 사람에게는 티칭 경험이 가장 중요하다. 필자는 모든 운동에 대한 원리를 생각하고 왜 그렇게 움직이는지를 항상 연구했으며 그것을 완벽하게 이해시킬 수 있는 능력을 키워왔다.

　　보디빌딩은 '다치면 안 되는, 다칠 수 없는 운동'이라고 생각한다. 보디빌딩의 동작은 관절의 모양과 근육의 결대로 움직이기 때문에 부상은 자신의 몸의 모양을 이해하지 못했다는 증거이다. 부상을 피하기 위해서는 항상 '왜'라는 의문을 가지고 운동에 접근해야 한다. 필자는 이 책에서 운동 동작과 그 동작의 이유를 설명하기 위해 노력했다. 내용을 이해한다면 이 책에 미처 담지 못한 운동 종목들의 퍼즐도 자연스럽게 풀리는 경험을 하게 될 것이다.

　　필자가 시각적으로 1등의 몸을 만들어 줄 수는 없다. 하지만 ≪양선수의 온라인 PT≫를 통해 운동 원리를 이해하고 부상당하지 않는 운동방식을 알고 나면 더 건강하고 훌륭한 몸을 만들 수 있다. 무엇보다도 필자는 가르침에 대해 책임을 지는 사람이고, 충분히 준비되어 있다.

2024년 2월

양선수(양대욱)

CONTENTS

CHAPTER

01

양선수의 PT,
Let's Start!

양선수의 PT,
Let's Start!

≫ 보디빌딩에 대한 철학

보디빌딩의 핵심 목표는 건강한 신체를 유지하는 것이고, 동시에 운동을 통해 개인이 원하는 몸매를 시각적으로 디자인하는 것이다. 이를 위해서는 근육과 관절에 대한 철저한 이해가 필수적이다. 근육의 형태와 구조를 이해하고, 관절의 본래 기능에 맞춰 움직이는 것이 중요하다.

그래서 몸의 구조와 기능을 이해하지 않고 다른 사람의 자세를 따라 하려는 유혹을 뿌리치는 것이 중요하다. 인간의 신체는 개인마다 다르기 때문에, 다른 사람의 자세를 그대로 따라 하면 부상을 유발할 수 있다. 보디빌딩은 변칙적인 움직임을 배제하고, 예측할 수 없는 움직임을 피해 최대한 안전하고 효과적인 운동을 추구해야 한다.

운동에는 항상 안전성과 효과성이 동반되어야 한다. 이를 위해서는 운동에 대한 이해와 자신의 몸에 대한 이해가 필요하다. 이것이 없다면 보디빌딩은 잠재적인 위험을 안게 된다. 그래서 필자는 종종 회원들에게 이렇게 조언한다. "운동에 대한 이해와 몸에 대한 이해가 부족하다면 보디빌딩 대신 다른 운동을 고려해보는 것이 좋습니다." 보디빌딩은 훌륭한 운동이지만, 올바른 자세와 이해 없이 수행하면 독이 될 수 있다. 잘못된 자세는 장기적으로 관절에 악영향을 미칠 수 있으며, 이는 근육 성장을 방해할 수 있다.

보디빌딩은 퍼즐과 같은 운동이다. 각 부분의 이해를 통해 전체 운동에 대한 통찰력이 생긴다. 가슴 운동을 이해하면 등 운동에 대한 이해도가 높아지며, 스쿼트 하나를 깊게 이해하면 모든 하체 운동이 자연스럽게 풀린다.

이 책에서는 보디빌딩의 핵심 원리와 각 운동의 이유와 근거에 대해 상세히 다룬다. 사소한 움직임 하나에도 명확한 이유와 근거를 갖추고, 단순한 모방이 아닌 항상 이해하며 운동해야 한다. 다른 이유 없이, 혹은 누군가가 하는 대로 하는 것은 용납되지 않는다. 인간의 몸은 제각각 다르기 때문에 맹목적인 모방은 부상의 원인이 될 수 있다. 이 책을 통해 이러한 모든 측면에 대해 깊이 있게 이해하길 바란다.

≫ 스트레칭의 개념과 효과적인 수행 방법

스트레칭은 보디빌딩에서 중요한 부분 중 하나이다. 다른 운동과는 다르게 보디빌딩에서의 스트레칭은 근육의 결과 관절의 모양을 고려하여 정확한 자세를 유지하며 간결하게 진행되어야 한다. 이는 부상 예방과 근육 가동 범위를 늘리는 데에 중요한 역할을 한다.

우선, 보디빌딩에서의 운동 자세는 관절과 근육의 형태에 따라 정확하게 움직여야 한다. 각 부위 근육의 결과 관절의 움직임을 먼저 확인한 후 해당 부위의 운동을 수행할 때 근육의 늘어남을 확인하고, 정적인 움직임으로 그 부위를 최대 가동 범위로 늘려주는 동작을 취해야 한다.

스트레칭은 운동 전에 수행하는 것이 좋다. 가동 범위를 갑자기 늘릴 때 근육 부상이 발생할 수 있기 때문에 미리 가동 범위를 확보해 놓는 것이 중요하다. 이를 위해 정확한 자세와 최대 가동 범위를 확인하여 운동에 앞서 스트레칭을 수행하는 것이 보디빌딩에서의 스트레칭 방식이다.

스트레칭은 단순히 근육을 늘리는 것뿐만 아니라, 운동 중에 발생할 수 있는 부상 예방과 근육의 유연성을 향상시키는 데 도움이 된다. 특히 보디빌딩에서는 정확한 자세와 가동 범위를 유지함으로써 운동 효과를 극대화할 수 있다.

좋은 자세와 효과적인 스트레칭은 보디빌딩에서 성과를 높이는 핵심 중 하나이므로, 이를 지속적으로 실천하는 것이 중요하다.

》 분할 프로그램의 정의와 맞춤 선택

분할 프로그램을 선택할 때 가장 중요한 것은 자신이 쉴 자격이 있는지를 정확하게 판단하는 것이다. 분할 운동은 주어진 시간 동안 특정 근육군을 집중적으로 운동하는 방식으로, 이를 효과적으로 수행하기 위해서는 충분한 쉬는 기간이 필요하다.

예를 들어, 주 6회 운동을 하는 3분할 프로그램을 살펴보자. 월요일에 등과 어깨를 운동하고 목요일에 다시 동일 부위의 운동을 수행한다면 중간에 등과 어깨가 쉬는 기간은 72시간이 된다. 이때 자신이 정말로 72시간 동안 쉬어야 하는 상태에 있는지를 고려해야 한다. 근육이 24시간만 쉬어도 충분히 회복되고 운동이 가능하다면 매일 전신을 운동하는 무분할 프로그

램이, 48시간만 쉬어도 운동이 가능하다면 일주일에 같은 부위를 주 3회 진행하는 2분할 프로그램이 더 적합할 것이다. 반면에 주 6회에 가슴, 등, 어깨, 하체, 팔, 복근으로 6분할 운동을 한다면 동일 부위를 일주일에 한 번씩만 운동한다는 것인데, 근육 성장을 기대하기에 쉬는 시간이 지나치게 길다. 이는 근육 성장을 둔화시키고 효율성을 떨어뜨릴 수 있다.

분할 프로그램을 결정할 때는 자신의 운동 수행 능력과 중간에 얼마나 쉬어야 하는지를 정확히 파악하여, 개인에 맞는 계획을 수립하는 것이 중요하다. 이렇게 고려하면 최적화된 운동 계획을 세우고 목표를 효과적으로 달성할 수 있다.

≫ 운동 시간과 휴식 시간의 중요성

운동 시간과 휴식 시간은 보디빌딩을 직업으로 삼은 사람과 취미로 하는 사람 간에 차이가 있다. 운동을 직업으로 하는 경우에는 많은 시간을 헬스장에서 보낼 수 있겠지만, 직장을 다니면서 혹은 취미로 하는 경우에는 시간을 효율적으로 활용해야 한다.

보디빌딩을 교육하는 직업을 가지고 있지만, 개인적으로 하루에 운동 시간을 1시간으로 제한하고 있다. 다만 다이어트 기간이나 시합 준비 기간에는 하루에 1시간씩 두 번 진행하기도 한다. 그러나 하루에 운동 시간이 2시간 혹은 3시간씩 된다면 고민해봐야 할 사항이 있다.

먼저, 운동 중에 집중하고 있는지, 취미인 운동이 업무나 다른 일에 지장을 주지는 않는지를 고려해야 한다. 1시간 동안의 집중된 운동이 그렇지 못한 긴 시간 동안의 운동보다 효과적일 수 있다. 따라서 운동 세트 중간에 쉬는 시간을 30초~1분으로, 운동 종목 사이의 쉬는 시간을 1~2분으로 제한한다.

많은 사람들이 쉬는 시간을 과도하게 길게 설정하는 경향이 있다. 그러나 30초에서 1분 정도의 쉬는 시간이 다음 세트의 운동을 위해 충분하다는 점을 명심해야 한다. 이렇게 운동을 하면 1시간 동안 근육에 효과적인 자극을 줄 뿐만 아니라 심폐지구력도 함께 향상시킬 수 있다. 즉, 유산소 운동의 효과까지 얻을 수 있다. 달리고 걷고 오르는 것만 유산소라는 개념을 버려야 한다. 모든 운동은 하는 방식에 따라서 아주 훌륭한 유산소 운동이 될 수 있다. 이렇게 하면 근육을 만들면서 지방 감량의 효과도 볼 수 있고, 또 별도로 유산소 운동을 수행하지 않아서 시간도 아낄 수 있다는 장점도 있다.

운동 시간에는 운동에 집중하고, 쉬는 시간에는 이전 운동을 복기하거나 다음 세트에 대비하는 것이 좋다. 이것은 마치 대장장이의 망치질과 비슷하다. 쇠가 불에 뜨겁게 달구어진 상태일 때 망치질을 반복하면서 원하는 모양을 만들어야 하는데, 어렵게 달군 쇠를 망치질 한 번하고 다시 찬물에 넣어 버리면 그 쇠를 다시 달구기까지 쓸모없는 시간을 소모하게 된다.

마지막으로, 운동은 생활을 윤택하게 하는 도구이다. 지나치게 오랜 운동으로 인해 효과가 떨어지고 일상생활에 지장을 주는 것은 피해야 한다. 보디빌딩은 100미터 달리기와 같아서 매일매일의 100미터 달리기가 쌓여서 마라톤 코스를 완주하는 것이 목표이다. 무리하다가 중도에 포기하지 말고 100미터 달리기부터 꾸준히 해보자.

≫ 부상 예방과 대처 방법

부상은 보디빌딩에서 피할 수 없는 부분 중 하나이지만, 올바른 대처와 예방을 통해 그 영향을 최소화할 수 있다. 부상의 주요 원인은 잘못된 자세와 자세의 수정이 늦어진 경우로 나눌 수 있다. 잘못된 자세를 수정하여 통증이 없어지는 경우는 대처가 어렵지 않다. 그러나 자세를 수정해도 통증이 사라지지 않는다면 그것은 트레이너의 영역을 벗어난 것이다. 이에 대한 대처 방법을 알아보자.

1. 잘못된 자세에 의한 부상 대처 방법
가. 자세 수정
- 통증이 느껴지지 않게끔 자세를 수정한다.
- 바른 자세를 학습하기 위해 트레이너나 전문가에게 도움을 청한다.
- 관절의 모양과 근육의 결을 고려하여 운동 자세를 조절한다.

2. 자세 수정이 늦어진 경우 대처 방법
가. 즉시 의료진의 상담 및 치료
- 부상이 발생한 경우 즉시 의료진의 상담 및 치료를 받는다.
- 자체적인 진단과 치료는 피하고 전문가의 조언을 따른다.

나. 운동 중단
- 부상의 정확한 원인을 파악하기 위해 의사의 진단을 받는다.
- 의료진의 지시에 따라 운동을 중단하고 적절한 휴식을 취한다.

다. 부상 원인 파악

• 부상 원인을 정확하게 파악하고 그에 따른 자세 수정을 고려한다.
• 향후 부상 예방을 위해 부상의 원인을 명확히 이해하는 것이 중요하다.

3. 부상 예방을 위한 주의사항

가. 정확한 자세 유지

• 운동 시 정확한 자세를 유지하여 부상을 예방한다.
• 자세를 조절하는 데 어려움을 겪는다면 전문가의 도움을 받는다.

나. 효과적인 스트레칭

• 운동 전후에 효과적인 스트레칭을 통해 근육을 미리 늘려준다.
• 부상 예방 및 회복에 도움이 된다.

다. 적절한 휴식

• 충분한 휴식을 취하고 과도한 운동을 피한다.
• 근육에 충분한 회복 시간을 제공하여 부상을 방지한다.

부상은 예방이 가능하며, 정확한 대처를 통해 빠르게 회복할 수 있다. 항상 전문가의 조언을 듣고 자신의 몸에 귀 기울이는 것이 중요하다.

≫ 영양과 식단 구성

많은 보디빌더들이 운동을 하면서 영양분 섭취에 대해 과도한 집착을 보이는 경우가 많다. 또한 몸의 변화가 없을 때 영양결핍에서 원인을 찾는 경향이 있다. 그러나 현대사회에서 영양부족은 매우 드문 일이다. 오히려 단백질, 탄수화물, 지방 등을 권장량보다 과도하게 섭취하는 경우가 더 많아졌다.

근육이 생성되지 않는 정확한 이유는 운동의 효과 부족이나 올바르지 않은 식단 계획에서 찾을 수 있다. 근육을 만드는 데 가장 중요한 것은 근육을 활용하는 것이다. 원하는 근육을 먼저 사용하고, 그 후에 영양 섭취나 휴식 시간을 고려해야 한다.

결국 몸이 변하지 않는 가장 중요한 이유는 미숙한 운동 기술에서 찾아야 한다. 그리고 영양과 식단을 계획할 때 고려해야 하는 가장 기본적인 질문은 "내 몸이 이 영양분을 실제로 필요로 하는가?"이다. 근육은 운동으로 인해 파괴되고 생성되면서 성장한다. 그러므로 자신이 증가시키고 싶은 부위가 실제로 어떤 영양분을 필요로 하는지를 먼저 고려해야 한다.

식단을 구성할 때는 우선 자신이 계획한 식단을 평생 지속할 수 있는지도 고려해야 한다. 만약 평생 지속할 수 없다면, 그 식단은 자신에게 맞는 식단이 아니다. 단기간의 다이어트를 위해 평생 지킬 수 없는 식단을 선택하다가 다이어트가 끝나면 몸의 밸런스와 건강을 망칠 수 있다.

현대사회에서는 영양부족을 찾기 어려울 정도로 우리의 식단은 다양하고 풍요로워졌다. 가정식에서부터 탄수화물과 단백질이 풍부하게 함유되어 있다. 다만 우리가 상식적으로 생각했을 때 먹으면 안 된다고 생각되는 음식들만 피한다면 몸을 만들기 위한 식단으로 충분하다. 또한 체중 감량을 목적으로 한다면 탄수화물과 지방의 양을 줄이는 것만으로도 큰 효과를 볼 수 있다.

≫ 보충제의 이해와
올바른 선택 방법

보충제는 말 그대로 영양분을 보충해 주는 제품으로, 우리가 먹는 식사가 영양을 섭취하는 최우선이 되어야 한다. 보충제는 그 자체로 모든 영양소를 대체할 수는 없으며, 보충제보다는 균형 잡힌 식단이 훨씬 중요하다.

그럼에도 보충제가 필요하다면 2가지 주요 요소를 고려해야 한다. 첫째는 오랜 연혁을 가지고 있는 회사인지, 둘째는 용량 대비 가격이 적절한지 여부이다. 가격이 너무 저렴해도 의심스럽지만 너무 비싸도 해당 제품에 대한 의심이 필요하다. 많은 제품들이 과대광고를 하는 경우가 흔하고, 과학적으로는 효과가 입증되어 있지만 실제로는 체감하기 어려운 효과를 부풀려서 홍보하기도 한다. 그렇기 때문에 항상 과대광고에 유의해야 한다. 특히 연예인 모델을 내세우는 경우가 대표적이다. 높은 광고 비용이나 모델 비용을 제품 가격에 포함시키는 경우가 많기 때문이다.

보충제가 필수는 아니지만, 운동 효과를 높이기 위해 먹고 싶다면 프로틴과 종합비타민을 추천한다. 프로틴은 근육을 형성하고 복구하는 데 필요한 필수 아미노산을 제공하고, 종합비타민은 다양한 영양소를 보충하여 영양 균형을 유지한다. 그 외 다른 보충제는 선택 사항으로 간주될 수 있다.

최종적으로, 보충제 선택에 있어서는 필요성을 고려하고, 광고에 속지 않으며, 가격 대비 용량이 적절한 제품을 선택하는 것이 중요하다. 그러나 무엇보다도 건강하고 균형 잡힌 식단을 유지하는 것이 항상 최선의 선택이다.

≫ 운동화 선택 요령

좋은 운동화를 선택하는 것은 편안함과 안정성을 위해 고려해야 하는 중요한 사항이다. 여러 가지 운동에 사용할 수 있는 특별한 운동화들이 있는데, 아래는 헬스장에서 사용하기에 적합한 운동화의 몇 가지 특징과 추천사항이다.

가. 발목의 가동성
- 발목이 자유롭게 움직일 수 있도록 발목이 없는 운동화를 선택한다.
- 발목의 자유로운 움직임은 다양한 운동 동작을 수행할 때 편의성을 제공한다.

나. 바닥 특징
- 평평하고 안정적인 바닥이 헬스장 운동에 적합하다.
- 미끄러짐 방지 기능이 있는 운동화를 선택하여 안전을 유지한다.

다. 쿠션과 지지력
- 지나치게 두꺼운 쿠션은 밸런스와 안정성을 저해할 수 있다.
- 적절한 쿠션과 지지력을 갖춘 운동화를 선택하여 발의 편안함을 유지한다.

라. 윗부분 재질
- 발가락을 자유롭게 움직일 수 있도록 부드러운 재질의 운동화를 선택한다.
- 발등을 안전하게 잡아주면서도 동작 시 발가락이 자유롭게 움직일 수 있어야 한다.

운동화는 각자의 발 형태와 특성에 따라 다를 수 있으므로, 신어보고 테스트해보는 것이 가장 중요하다. 또한 전문가의 상담을 받는 것도 좋다.

CHAPTER

02

하체 운동

대퇴사두근

스쿼트
SQUAT

>>> 스쿼트는 보디빌딩의 시작이자 가장 기본적인 하체 운동으로, 바를 이용한 바벨 스쿼트가 대표적이다. 스쿼트는 중량을 올리기에 효율적인 운동으로, 앞뒤로 균형을 잡는 것이 중요하고, 무게를 싣고 있는 바가 위치한 승모근과 중심을 딛고 있는 발과의 거리가 멀기 때문에 그 어떤 운동보다도 상체와 하체의 협응력이 중요하다. 이것이 대부분의 사람들이 스쿼트를 어려워하는 가장 큰 이유이다. 스쿼트는 둔근과 대퇴이두근의 개입이 많지만 분명한 대퇴사두근 운동이며, 동작 중에 상체를 숙이거나 앉는 동작에서 종아리의 각도가 수직보다 조금이라도 앞으로 가면 메인 타깃 부위는 대퇴사두근이 된다.

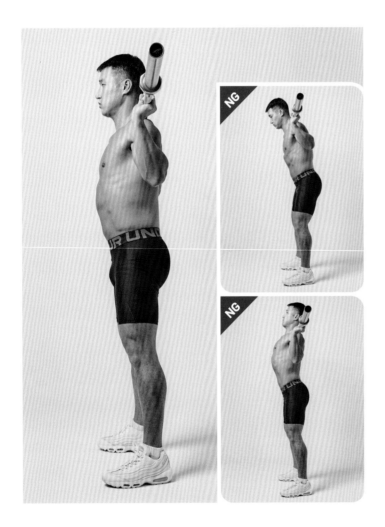

1 바를 승모근의 가장 편한 곳에 위치시킨다. 앉았다 일어나는 동작에서 바가 발바닥 중간과 일직선상에 위치할 수 있게 바를 위치시킨다. 바를 잡고 있는 팔을 이용해서 가슴을 활짝 벌리고 운동하는 내내 상체의 중립을 유지한다.

 TIP

바를 잡고 있는 손으로 바를 앞쪽으로 밀어주면 가슴을 벌려서 상체를 중립으로 유지하는 데 도움이 된다.

 CAUTION

바를 잡고 있는 팔의 팔꿈치를 너무 위로 들면 상체가 앞쪽으로 기울어지고, 팔꿈치를 너무 내리면 허리가 과신전 된다. 따라서 양옆으로만 활짝 벌려준다.

TIP

다리 구조의 다양성 때문에 무릎과 발의
방향과 모양을 억지로 일치시키지 말고
가장 편한 모양을 설정한다.

CAUTION

무조건 많이 앉으려고 하면 허리가 말리게
된다. 몸통을 양발 안으로 넣을 수 있을 만큼
다 넣으면 가동 범위를 멈춘다.

2 양발의 간격은 무조건 어깨너비가 아니라 앉는
동작에서 몸통이 양발 안으로 딱 맞게 들어가는
너비로 잡는다. 몸통이 양발 안으로 정확하게
들어가는 너비를 설정하면 그에 따라서 가장 편한
양발의 간격이 만들어진다. 고관절과 무릎이 동시에
굽어지고 상체와 종아리의 각도가 일치되어
움직인다. 중량은 무릎 쪽이 아니라 고관절 쪽에 많이
실리게 되고, 발바닥 앞부분과 뒷부분의 중심이
4:6 정도로 뒤꿈치에 더 실리게 된다. 몸통이 양발
안으로 완벽하게 들어갔으면 동작을 멈춘다.

TIP

무릎이 펴지는 동작과 고관절이 펴지는
동작을 일치시키면 상체와 종아리의 각도를
일치시킬 수 있다.

CAUTION

고개를 과도하게 들면 일어나는 동작에서
목이 꺾여서 올라오게 된다. 그러면 뒷목
부분이 수축되면서 바가 신경을 누르게
되거나 목 부상의 위험이 있다. 따라서
운동하는 내내 머리는 상체가 향하고 있는
방향과 일치시킨다.

3 대퇴사두로 지면을 밀어주면서 일어선다. 일어날 때의 가동 범위는 고관절의
힘이 풀리고 온몸으로 중량을 나누어서 쉬는 동작이 나오기 전, 즉 대략
70%까지만 올라간다.

양선수의 핵심 노트

스쿼트는 모두가 정해진 동작으로 똑같이 움직일 수 없고, 신체적인 특징과 관절의 모양대로 설정을 해서 자신에게
가장 편한 자세를 정해야 한다. 다만 반드시 지켜야 할 두 가지 원칙이 있다.
첫째, 옆에서 볼 때 바와 발바닥 중간이 운동하는 내내 일직선상에 있어야 한다.
둘째, 상체와 종아리의 각도는 항상 일치해야 한다.

대퇴사두근

레그 프레스
LEG PRESS

>>> 레그 프레스를 한마디로 정의하면 '하체로만 하는 운동'이다. 보디빌딩이 시작되고 하체 운동을 위해 스쿼트가 만들어졌지만 전신 운동에 가깝다 보니 상체 포지션을 잘못 잡으면 스쿼트를 제대로 할 수가 없다. 즉, 스쿼트는 승모근에 무게가 고정되어 있고 발바닥으로 중량을 지탱하므로 무게와 중심과의 거리가 멀다. 반면에 레그 프레스는 승모근에 올려져 있는 무게를 둔근과 고관절 쪽으로 옮겨서 진행한다. 따라서 상체 포지션에 크게 신경 쓰지 않는다. 메인 타깃 부위는 대퇴사두근이며 둔근과 햄스트링도 관여한다.

1 레그 프레스 머신에 앉아서 엉덩이를 패드 끝에 집어넣는다. 양발의 간격은 스쿼트와 동일하게 몸통이 편하게 양발 사이로 들어갈 수 있는 너비로 정한다.

TIP

발판에 발을 놓는 위치는 최대 이완 자세에서 뒤꿈치로 패드를 누를 수 있고 또한 엉덩이가 패드 끝에서 빠지지 않는 위치가 적당하다.

CAUTION

발판에 발을 너무 높게 위치시키면 이완 가동 범위를 다 잡기도 전에 엉덩이가 떠서 허리가 말린다. 반대로 너무 낮게 위치시키면 이완 가동 범위를 다 잡기도 전에 무릎을 과사용하게 된다.

2 다리 사이에 몸통을 편하게 집어넣으면서 이완을 시작한다.
몸통을 다리 사이에 넣을 수 있는 만큼 집어넣었다면 뒤꿈치가
뜨거나 엉덩이가 말리기 직전에 멈춘다.

 TIP

중량이 발바닥 바깥쪽에 실리면 대퇴
중에서도 외측으로 자극이 많이 가고,
안쪽에 실리면 내측으로 자극이 많이 간다.

 **CAUTION**

무조건 많이 앉으려고 하면 엉덩이가 패드
끝에서 빠지고 허리가 말려서 부상 위험이
있다.

3 몸통이 다리 안에 완벽하게 들어갔으면 동작을 멈추고 수축을 시작한다. 무릎이 완전히 펴지지 않게 대퇴에 텐션이 빠지기 직전인 대략 70%까지만 무릎을 편다.

 TIP

수축 동작에서 다리로 미는 느낌보다는 엉덩이를 패드 끝으로 집어넣으면서 엉덩이를 뒤로 미는 느낌을 가진다.

 CAUTION

무릎을 완전히 펴게 되면 락아웃 현상이 일어나서 무릎관절에 무리가 갈 수 있다.

양선수의 핵심 노트

보디빌딩 하체 종목의 시작이 스쿼트라면, 스쿼트의 단점과 어려움을 현대적인 기구로 대체한 것이 레그 프레스이다. 무게가 있는 부분과 몸을 지탱하는 발바닥과의 거리를 절반으로 줄여서 진정한 '하체로만 하는 운동'이라고 할 수 있다.

런지
LUNGE

≫ 런지는 스쿼트를 한발씩 수행하는 운동이라고 생각하면 이해가 쉽다. 런지는 스쿼트처럼 앞뒤로 균형을 잡을 필요가 없고, 몸통을 양발 사이에 알맞게 넣기 위해 양발의 간격을 맞추면서 받는 스트레스도 없다. 스쿼트가 전신 운동 성향이 강한 반면 런지는 하체에만 집중해서 할 수 있는 굉장히 효과적인 운동이다. 메인 타깃 부위는 대퇴사두근이며 둔근과 햄스트링도 관여한다.

 TIP

운동을 수행하는 내내 발의 앞쪽을 들어주면 무릎을 앞쪽으로 내밀고 싶어도 내밀 수 없다. 그 상태에서 무릎을 최대한 내밀고 고정한다.

 CAUTION

런지는 앞뒤로 움직이는 운동이 아니고 수직으로 움직이는 운동이므로, 스쿼트 자세에서 운동하고자 하는 다리와 상체는 그대로 두고 균형을 잡는 다리만 뒤쪽으로 뺀다.

1 운동하고자 하는 발을 앞쪽에, 균형을 잡는 발을 뒤쪽에 위치시킨다.

 TIP

옆에서 봤을 때 상체가 스쿼트와 동일하게
수직으로 움직여야 대퇴사두근과 둔근에
텐션을 유지할 수 있다.

2 운동하고자 하는 다리의 무릎을 제자리에 두고 대퇴사두근과 엉덩이를
이완시키면서 수직으로 내려간다.

 CAUTION

무릎을 뒤쪽으로 과하게 빼고 내려갈 경우
종아리도 뒤쪽으로 빠지면서 앞쪽으로 미는
동작이 나오게 되어 결과적으로 무릎을
과사용하게 된다.

이완할 때와 마찬가지로 옆에서 봤을 때
상체가 수직 일직선상에서 절대 벗어나면
안 된다. 뒤꿈치로 밀면서 수직으로
일어나야 하는데 무릎을 완전히 펴고
상체를 뒤쪽으로 밀게 되면 다리에 텐션이
빠져서 쉬는 자세가 나오게 된다.

3 뒤꿈치로 지면을 밀어내면서
수직으로 올라간다.

양선수의 핵심 노트

스쿼트에 비해서 런지가 큰 중량을 다룰 수 없어 효과가 떨어진다는 생각을 많이 하는데 사실은 다르다. 보디빌딩에
서 '1+1=2'가 아닌 경우가 많다. 두 다리를 동시에 사용하는 운동에 비해서 한쪽 다리만 사용하는 운동의 중량은 당연
히 낮아진다. 하지만 상황 자체를 중량을 많이 들 수 없게 만들어 놨을 뿐 근육이 큰 자극을 받는 느낌으로 올바르게
런지를 한다면 운동효과는 스쿼트에 뒤처지지 않는다.

레그 익스텐션
LEG EXTENSION

》》》 레그 익스텐션은 하체 운동 중에 유일하게 대퇴근의 수축에 초점이 맞춰진 운동이다. 그리고 대퇴근의 수축을 가장 강하게 이끌어 낼 수 있다. 다만 단점 또한 확실한 운동이다. 어떠한 방법을 써도 무릎에 약간의 데미지가 가해지는 것을 피할 수는 없다.

 TIP

상체를 뒤로 눕듯이 편하게 위치시켜야 밀어주는 느낌을 가질 수 있다.

 CAUTION

상체를 앞쪽으로 기울이면 무릎을 과사용하게 된다.

1 무릎 뒤쪽이 패드에 너무 꽉 눌리지 않게 1~2cm 정도 여유 공간을 두고 앉아 발끝을 몸쪽으로 당긴다. 엉덩이가 패드 끝에 들어가도록 등받이를 조절한다.

2 이완된 자세에서 발목 패드가 발목에 오게 위치시키고 대퇴근에 텐션이 유지되는 곳까지만 이완시킨다.

 TIP

무릎을 너무 많이 굽히지 말고 대퇴사두근에 텐션이 유지될 수 있는 지점까지만 내려야 운동 중 쉬는 동작이 나오지 않는다.

 CAUTION

무릎 뒤쪽을 패드에 너무 꽉 끼게 위치시키면 이완을 한 상태에서 무릎에 무리가 갈 수 있다.

3 발목을 몸 앞쪽으로 꺾어서 뒤꿈치로 정면을 밀어준다.

 TIP

익스텐션이라는 이름이 붙어 있지만 뒤꿈치로 정면을 밀어주는 프레스 느낌을 가져야 무릎 부상을 피할 수 있다.

 CAUTION

뒤꿈치로 미는 자세가 아니라 무릎을 펴려고 하기 때문에 무릎에 부상이 생길 수 있다. 뒤꿈치로 밀 수 있는 지점까지 최대한 밀었으면 무릎의 펴짐과 관계없이 수축을 끝내고 이완을 시작한다.

양선수의 핵심 노트

레그 익스텐션은 운동 내내 텐션이 강제로 유지되고, 대퇴사두근을 가장 강하게 수축할 수 있다는 장점이 있다. 다만 하체 운동 중에 무릎을 가장 많이 사용하는 운동이기에 뒤꿈치로 미는 자세가 아니라 무릎을 펴려고 하면 무릎 부상으로 이어질 수도 있다.

레그 컬
LEG CURL

>>> 레그 컬은 햄스트링을 단련하는 가장 대표적인 운동이다. 다만 햄스트링 상단보다는 하단의 개입이 크다. 그래서 햄스트링 메인 운동으로 여성들에게는 엉덩이와 필연적으로 함께 운동되는 햄스트링 상단 운동을, 남성들에게는 레그 컬을 추천한다. 레그 컬의 경우 대퇴근 앞쪽에 패드가 위치하므로 너무 과하게 이완하면 무릎관절로 버티게 되므로 수축에 초점을 맞춰 진행한다.

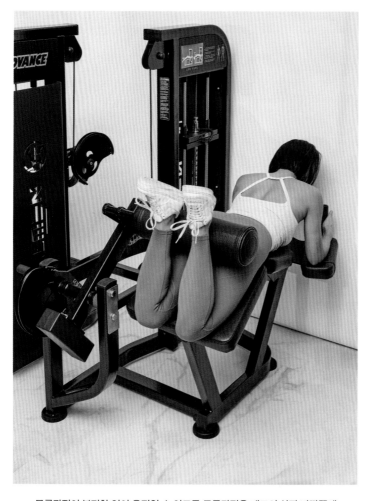

TIP

무릎을 접는 동작을 할 때 손으로 손잡이를 단단하게 잡아서 상체가 들리지 않게 고정한다.

CAUTION

무릎 바로 윗부분이 패드에서 떨어지면 허리가 꺾이는 현상이 일어날 수 있으므로 절대 떨어지지 않게 한다.

1 무릎관절이 불편함 없이 움직일 수 있도록 무릎관절을 패드의 살짝 바깥쪽에 위치시킨다. 발목 부근 패드는 아킬레스건에 위치시킨다.

TIP

발목을 상체 뒤쪽으로 꺾으면 종아리의 개입을 줄일 수 있다.

2 엉덩이와 햄스트링 최상단은 신경 쓰지 않고 햄스트링의 최하단 부분이 다 늘어나면 이완을 멈춘다.

CAUTION

너무 많이 내릴 경우 무릎관절로 버티게 된다. 햄스트링의 최하단만 다 늘어나면 이완을 멈추어야 한다.

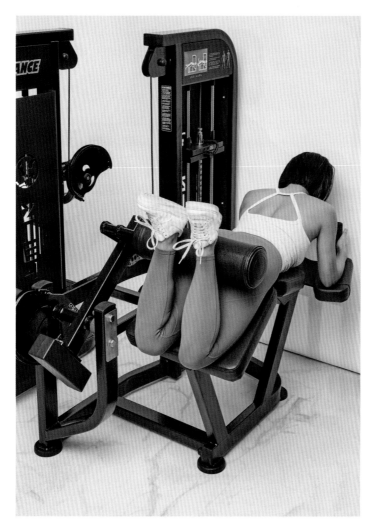

TIP

햄스트링 최하단이 메인 타깃이기 때문에 무릎 가장 위쪽이 패드에 붙어있다는 전제 하에 최대한 수축시킨다.

CAUTION

엉덩이 바로 아래까지 자극을 주려고 하면 무릎 바로 윗부분이 패드에서 떨어지고 허리가 꺾여서 부상을 유발할 수 있다.

3 무릎 바로 위쪽이 패드에 붙어있는 걸 전제로 지렛대의 원리를 이용해 무릎을 굽힌다.

양선수의 핵심 노트

햄스트링은 구조상 상단과 하단을 나누어 운동해야 한다. 상단의 경우 상체를 숙이는 동작으로 단련이 가능하고, 하단의 경우 무릎을 굽히는 동작으로 단련이 가능하다. 그러므로 수축에 너무 과한 욕심을 부려서 무릎 바로 윗부분이 패드에서 떨어지면 안 된다.

스티프 레그 데드리프트
STIFF LEG DEADLIFT

>>> 스티프 레그 데드리프트는 햄스트링을 단련하는 대표적인 운동이다. 레그 컬의 메인 타깃 부위가 햄스트링 최하단인 반면 스티프 레그 데드리프트는 햄스트링 최상단이다. 햄스트링의 최상단은 둔근과 필연적으로 함께 움직이기에 둔근의 개입이 가장 강하게 일어난다.

 TIP

운동하는 내내 가슴을 들고 벌려놓아야 등과 허리의 중립을 유지할 수 있다.

 CAUTION

무릎의 간격이 너무 좁으면 아랫배를 넣을 수 없기 때문에 허리가 말릴 수 있다.

1 가슴을 펴고 갈빗대와 가슴을 확장한 상태에서 양발의 간격은 상체를 숙였을 때 아랫배가 다리 사이에 들어갈 수 있는 간격으로 정한다. 바벨이나 덤벨을 무릎 간격보다 조금 더 넓게 잡고 바르게 선다. 상체는 운동하는 내내 가슴을 들고 벌려서 말리지 않게 고정해야 한다.

 TIP

상체를 숙이거나 엉덩이를 뒤로 빼는
느낌보다는 햄스트링 이완에 집중한다.

2 종아리를 절대 수직보다 앞쪽으로 나오지 않게 하고 햄스트링을 몸 뒤쪽으로
빼서 늘려준다. 종아리가 수직보다 앞쪽으로 나오지 않은 상태에서 무릎 각도를
조절하여 엉덩이보다 햄스트링이 찢어질 듯이 늘어나는 위치를 정한다. 햄스트링이
더 이상 늘어나지 않는다면 이완을 멈춘다.

 CAUTION

상체를 너무 많이 숙이려고 하면
햄스트링의 유연성이 부족할 경우 무릎이
굽어서 대퇴사두 운동이 되거나 허리나
등이 굽을 수 있다. 따라서 햄스트링이
더 이상 늘어나지 않는다면 가동 범위를
멈추어야 한다.

 TIP

상체를 완전히 세우면 햄스트링에 텐션이
빠질 수 있기에 70% 정도까지만 세운다.
상체를 들거나 엉덩이를 수축하는 것보다
햄스트링의 위치를 변경하는 데 집중한다.

 **CAUTION**

목이나 허리를 꺾어서 올라가려고 하면
자극점이 허리 쪽으로만 과하게 들어가게
된다. 따라서 햄스트링이 제자리로
돌아오면 상체는 자연스럽게 일어나는
느낌을 가진다.

3 햄스트링을 제자리에 넣어준다고 생각하면서 넣어준다. 이때 상체가 완전히
세워질 때까지 올라가지 않고 70% 정도까지만 일어선다.

양선수의 핵심 노트

스티프 레그 데드리프트는 햄스트링 운동이지만 상체를 숙이고 엉덩이를 빼는 동작만으로도 운동이 가능하므로 항
상 둔근과 함께 운동이 된다. 무릎 굽힘이 핵심인데 무릎 굽힘의 미세한 조절에 따라 둔근을 메인으로 할지 햄스트링
을 메인으로 할지 결정할 수 있다.

힙 데드리프트
HIP DEADLIFT

≫ 힙 데드리프트는 둔근을 자극하는 가장 기본적인 자세로부터 나온 운동이다. 엉덩이를 운동하기 위해서는 상체를 숙이며 힙 힌지를 잡아야 한다. 상체를 숙이는 운동을 할 때 가장 중요한 것은 옆에서 봤을 때 중심이 몸의 중앙에 위치해야 한다는 점이다. 중량을 들고 상체를 숙이기 때문에 숙이면 숙일수록, 중량이 늘어나면 늘어날수록 엉덩이가 뒤쪽으로 빠져야 중심을 중앙에 위치시킬 수 있다. 그리고 엉덩이를 늘리는 동작을 하면 필연적으로 햄스트링이 보조근으로 개입하게 된다.

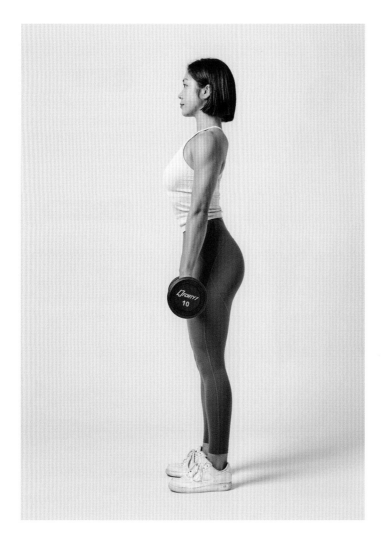

1 가슴을 펴고 갈빗대와 가슴을 확장한 상태에서 양발의 간격은 상체를 숙였을 때 아랫배가 다리 사이에 들어갈 수 있는 간격으로 정한다. 바벨이나 덤벨을 무릎 간격보다 조금 더 넓게 잡고 바르게 선다. 상체는 운동하는 내내 가슴을 들고 벌려서 말리지 않게 고정한다.

 TIP

운동하는 내내 가슴을 들고 벌려놓아야 등과 허리의 중립을 유지할 수 있다.

 CAUTION

무릎의 간격이 너무 좁으면 아랫배를 넣을 수 없기 때문에 허리가 말릴 수 있다.

2 종아리를 절대 수직보다 앞쪽으로 나오지 않게 하고 엉덩이를 뒤쪽으로 빼서 늘려준다. 종아리가 수직보다 앞쪽으로 나오지 않은 상태에서 무릎 각도를 조절하여 햄스트링보다 엉덩이가 훨씬 많이 늘어나는 위치를 정한다. 엉덩이가 완전히 늘어났다면 이완을 멈춘다.

 TIP

무릎 각도를 조절하여 엉덩이와 햄스트링 중 엉덩이를 더 많이 늘릴 수 있는 각도로 설정한다.

 **CAUTION**

종아리가 수직보다 뒤로 빠진다는 전제하에 무릎을 너무 과도하게 펴면 엉덩이보다 햄스트링이 메인 타깃 부위가 될 수 있다.

3 엉덩이를 제자리에 넣어준다고 생각하면서 넣어주고, 상체가 완전히 세워질 때까지 올라가지 않고 70% 정도까지만 일어선다.

 TIP

상체를 세우는 것에 집중하지 말고, 상체는 중립을 유지하고 엉덩이가 제자리로 돌아오면 그에 따라 상체가 자연스럽게 일어선다.

 **CAUTION**

몸을 완전히 세우게 되면 중량이 엉덩이에서 빠지게 된다. 따라서 중량이 엉덩이에서 빠지기 전 대략 70% 정도까지만 몸을 세우고 다시 이완에 들어간다.

양선수의 핵심 노트

둔근은 항상 햄스트링과 함께 수행된다. 다만 무릎의 미세한 각도 조절에 따라 둔근이냐, 햄스트링이냐로 나뉘게 된다. 종아리가 수직보다 뒤로 빠지고 숙이는 동작에서 이 미세한 무릎 각도 조절로 주동근을 잘 파악해야 한다.

힙 쓰러스트
HIP THRUST

>>> 힙 쓰러스트는 둔근 운동이며, 서 있는 상태에서 진행하는 힙 데드리프트를 누워서 진행하는 운동이다. 누워서 엉덩이를 아래로 늘리지만, 서 있는 상태에서 상체를 숙여 엉덩이를 뒤로 빼준다는 생각을 항상 해야 한다. 그리고 힙 데드리프트와 달리 중량이 엉덩이에서 빠질 위험이 없기에 수축을 끝까지 진행한다. 힙 쓰러스트는 엉덩이를 수축하기 때문에 하체 운동 중에 유일하게 대퇴가 외회전하는 운동이다.

TIP

등을 벤치에 댄 부분과 뒤꿈치의 거리는 엉덩이를 아래쪽으로 제대로 늘릴 수 있게 키에 따라 적당히 조절한다.

CAUTION

등 중에서 상부 승모근과 어깨 라인 쪽을 벤치에 대야 한다. 등의 너무 아래쪽으로 대면 엉덩이를 아래쪽으로 늘리는 동작을 하기 힘들다.

1 벤치에 가로로 누워서 양발 뒤꿈치를 서로 붙인다. 바벨은 고관절과 아랫배 사이쯤에 위치시킨다.

 TIP

늘리는 동작을 할 때 발 앞쪽을 들면 무릎이
자연스럽게 모이면서 엉덩이가 아래로
내려간다.

2 서 있는 상태에서 상체를 숙이며 엉덩이를 뒤로 빼듯이, 허리 위쪽은
그대로 두고 엉덩이를 아래쪽으로 빼서 늘린다. 이때 뒤꿈치만 땅에
대고 발바닥 앞쪽을 들어 놓으면 무릎이 자연스럽게 모이면서 엉덩이가
늘어나게 된다.

 **CAUTION**

발 앞쪽을 바닥에 대고 고정시키면
대퇴근이 자연스럽게 내회전하는 것을 막기
때문에 들어야 한다.

3 엉덩이를 수축하며 들어줄 때 발바닥 앞쪽을 들면 대퇴근이
자연스럽게 외회전하면서 무릎이 벌어지게 된다.

TIP

엉덩이를 수축하면서 고관절로 바벨을 하늘
쪽으로 밀어준다.

CAUTION

발 앞쪽을 바닥에 대고 고정시키면
대퇴근이 외회전하면서 무릎이 벌어질
때 발목과 무릎에 뒤틀림이 일어난다.
따라서 대퇴근이 외회전할 때 발 또한 같이
외회전할 수 있도록 발 앞쪽을 들어준다.

양선수의 핵심 노트

하체 운동 중에 유일하게 대퇴근이 외회전하는 운동이 엉덩이를 수축하는 운동이다. 이때 발바닥을 회전하기 전의
모양대로 고정해두면 무릎이나 발목에 뒤틀림이 일어날 수 있으므로 엉덩이를 수축하고 대퇴근이 회전하는 운동은
이 부분을 항상 주의해야 한다.

이너 타이
INNER THIGH

≫ 이너 타이는 내전근 운동이다. 이 운동을 할 때 가장 주의할 점은 가동 범위이다. 운동 중 부상을 당하는 가장 큰 이유 중에 하나도 가동 범위에 욕심을 내기 때문이다.

1 이너 타이 머신에 앉아서 발판에 발을 올리고 무릎 패드에 무릎 안쪽을 댄다. 안장 아래쪽의 회전축과 일직선상에 고관절을 위치시킨다.

TIP

상체 각도를 앞뒤로 눕히지 않고 가슴을 들어서 벌려놓고 바로 앉아야 한다.

CAUTION

회전축이 존재하는 기구의 특성상 회전축과 고관절을 일직선상에 맞추는 것이 중요하다.

2 패드에 닿아 있는 무릎 안쪽에 중량이 실리게 다리를 양쪽으로 벌린다.

 TIP

자신의 내전근 유연성에 맞게 모두 늘어났다면 멈춘다.

 **CAUTION**

가동 범위를 유연성을 넘어서 벌리게 되면 보상작용으로 허리 쪽에 통증이 가게 되므로 너무 무리해서 벌리지 않도록 한다.

3 패드에 닿아 있는 무릎 안쪽으로 모아준다고 생각하면서 다리를 모아준다.

 TIP

발을 움직여서 모으려고 하지 말고 무릎 안쪽을 사용해야 한다.

 **CAUTION**

이 운동을 할 때 가장 많이 하는 실수가 대퇴근이 아니라 발을 사용하는 것이다. 발을 사용해서 모으려고 하면 내전근에 자극을 느끼기 힘들고 무릎에 뒤틀림 현상이 일어날 수 있다. 발은 그냥 두기만 하면 된다.

양선수의 핵심 노트

이너 타이 운동의 핵심은 내전근을 이완할 때 너무 욕심을 부리면 안 된다는 것이다. 보디빌딩에서는 개개인의 근육에 맞는 가동 범위를 완전히 가져가는 것이 중요하지, 그 가동 범위를 억지로 넘으려고 하면 근육 파열이나 관절 부상을 입을 수 있다.

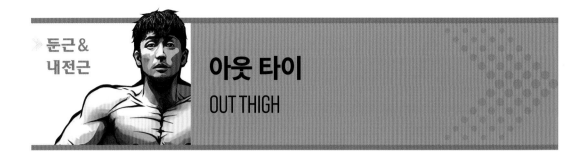

둔근 &
내전근

아웃 타이
OUT THIGH

>>> 아웃 타이는 고관절을 바깥쪽으로 벌리는 동작을 취하지만 둔근 운동이다. 다리를 먼저 벌리고 둔근 쪽으로 자극이 이동하는 느낌보다는 둔근을 뒤쪽으로 빼고 조이면서 다리를 끌어서 벌린다는 생각으로 수행해야 한다. 앉아서 수행하지만 서서 엉덩이를 뒤쪽으로 빼는 동작과 유사하게 수행한다.

 TIP

운동하는 내내 상체 앞부분이 말리지 않게 유지해야 엉덩이를 뒤로 빼서 늘리는 느낌을 잡을 수 있다.

 CAUTION

엉덩이를 뒤쪽 패드에 일부러 대면 안 된다. 고관절을 회전축에 일치시켜 앉는 게 중요하다.

1 고관절을 안장 아래쪽 회전축과 일직선상에 일치시키고 발을 발판에 올려놓은 상태에서 무릎의 바깥쪽을 패드에 댄다. 가슴부터 아랫배까지 벌려놓은 상태를 유지한다.

46

2 아웃 타이 머신에
손잡이가 앞쪽에
있는 경우 손잡이를
단단히 잡는다.
데드리프트를 하듯이
중립을 유지한 채로
세워 놓아야 몸통이
다리 안으로 들어가지
않아서 허리가 말리지
않게 할 수 있다.
무릎을 벌리면서
중립을 유지한 상체를
다리 안으로 집어넣을
수 있는 곳까지
넣으면서 엉덩이를
뒤쪽으로 빼서
늘려준다고 생각한다.

 TIP

무릎을 벌리는 것을
우선시하지 말고, 앉아있지만
서 있는 상태에서 엉덩이를
뒤쪽으로 빼준다고 생각하고
둔근 가운데부터 모으면서
무릎을 바깥쪽으로 벌려준다.

 CAUTION

발판에 대고 있는 발을
사용해서 벌리려고 하지 말고,
중량이 실려 있는 곳은 무릎
바깥쪽이라는 점을 운동 내내
명심한다.

3 둔근에 텐션이
유지될 수 있는
곳까지만 다리를
모은다.

 TIP

이완할 때 다리를 모은다는
생각만 하기보다는 둔근
가운데부터 먼저 늘어나기
시작한다고 생각한다.

 **CAUTION**

다리를 완전히 모을 경우
둔근에 텐션이 빠질 수 있다.
둔근에 긴장이 유지되는
지점까지만 모아준다.

양선수의 핵심 노트

아웃 타이는 엉덩이를 메인 타깃으로 운동하기 위해서 앉아있지만 서 있는 상태에서 무릎을 벌려 엉덩이를 뒤쪽으로
빼준다고 생각해야 한다. 마치 힙 데드리프트에서 엉덩이를 뒤쪽으로 빼기 위해 상체를 필연적으로 숙여야 하는 것
과 마찬가지이다.

카프 레이즈
CALF RAISE

≫ 카프 레이즈는 종아리 운동이다. 종아리 근육은 크게 비복근과 가자미근으로 나눌 수 있는데, 비복근은 우리가 흔히 종아리 알이라고 부르는 부분이고 가자미근은 그 아래쪽에 위치한다. 그래서 남성에게는 주로 비복근 운동을, 여성에게는 가자미근 운동을 추천한다. 무릎을 펴고 카프 레이즈를 할 경우에는 비복근을 타깃으로 하고, 무릎을 굽힌 상태에서 할 경우에는 가자미근을 타깃으로 한다. 여기서는 비복근을 공략하는 방법을 설명하겠지만 무릎을 폈다는 것을 제외하면 운동방법은 둘 다 동일하다.

1 스탠딩 상태에서 스미스 머신을 활용할 수도 있지만 편리성을 위해서 레그 프레스 머신에서 하는 것을 추천한다. 그 어떤 상태에서 하더라도 효과는 동일하다. 발바닥의 3분의 1 지점까지만 발판 끝에 올려두고 운동하는 내내 무릎이 굽지 않도록 고정한다.

 TIP

발가락만 발판에 올려둘 경우 발바닥의 앞쪽으로 미는 느낌을 가질 수 없다. 적어도 발바닥의 3분의 1은 발판에 닿아 있어야 한다.

 **CAUTION**

양발의 간격을 벌리면 운동을 하면서 발끝이 양쪽으로 벌어질 수 있다. 뒤꿈치는 신경 쓰지 말고 발바닥의 앞부분을 붙여서 발이 11자를 유지하게 한다.

 TIP

무릎을 펴야 비복근의 최상단에서부터 늘릴
수 있다.

 CAUTION

종아리가 다 늘어나면 가동 범위를
멈추어야 한다. 과도하게 늘리게 되면
발목에 무리가 가고 종아리에 텐션이
빠지게 된다.

2 무릎을 고정한 상태에서 뒤꿈치가 발판 밑으로 내려간다고 생각하고 종아리를
늘려준다.

 TIP

종아리를 쥐어짜는 느낌을 가진다고
생각하며 수축한다.

 CAUTION

발끝으로 미는 느낌을 가지면 수축을
완벽하게 할 수 없다. 발바닥의 앞부분은
발판에 닿아 있고 발목 앞부분을 위로
내밀어주는 동작을 취해야 한다.

3 발목 앞부분을 위쪽으로 내밀어준다고 생각하고 내밀면
종아리가 수축한다.

양선수의 핵심 노트

종아리는 우리 몸을 하루 종일 지탱하고 있는 근육이라 근력과 지구력이 상상 이상으로 강하다. 따라서 상대적으로
고중량을 다룰 수 있는 근육이다. 지면으로부터 몸을 지탱하는 근본이 되는 근육이기 때문에 하체 건강을 위해서도
필수적으로 단련해야 한다.

FLAT BENCH BARBELL PRESS
FLAT BENCH DUMBBELL PRESS
FLAT CHEST PRESS MACHINE
FALT FLY MACHINE
FLAT DUMBBELL FLY

INCLINE BENCH BARBELL PRESS
INCLINE BENCH DUMBBELL PRESS
INCLINE CHEST PRESS MACHINE
STANDING INCLINE CABLE FLY
INCLINE DUMBBELL FLY

DIPS
DECLINE CHEST PRESS MACHINE
DECLINE CABLE FLY

CHAPTER

03

가슴 운동

가슴 중앙

플랫 벤치 바벨 프레스 / 플랫 벤치 덤벨 프레스 / 플랫 체스트 프레스 머신

플랫 플라이 머신 / 플랫 덤벨 플라이

윗가슴

인클라인 벤치 바벨 프레스 / 인클라인 벤치 덤벨 프레스 / 인클라인 체스트 프레스 머신

스탠딩 인클라인 케이블 플라이 / 인클라인 덤벨 플라이

아랫가슴

딥스 / 디클라인 체스트 프레스 머신 / 디클라인 케이블 플라이

플랫 벤치 바벨 프레스
FLAT BENCH BARBELL PRESS

>>> 플랫 벤치 바벨 프레스는 가슴 운동 중 가장 기본이 되는 운동이다. 이 운동을 할 때 들고 있는 바를 밀고 내리는 것에 신경을 많이 쓰면 벤치 프레스가 어려워진다. 오히려 바는 그 자리에 그대로 있고, 윗가슴을 들고 벌려서 튀어 나갔다가 윗가슴을 들고 뒤로 빠진다고 생각하면 이해가 아주 쉬울 것이다. 마치 푸시업을 하는 것과 똑같다. 결론적으로 몸무게 이상의 중량을 다루도록 해주는 푸시업이 벤치 프레스이다.

1 벤치에 누워 윗가슴을 들고 벌려놓은 상태에서 등을 완전히 접는다. 가슴을 완벽하게 벌리고 이완하기 위해서는 등이 필연적으로 완전히 접혀야 한다. 그 상태에서 바를 잡고 띄운다. 그러면 즉시 가슴에 수축 상태를 설정할 수 있다.

 TIP

초보자의 경우 중량을 든 채로 벤치에 등이 눌려있기 때문에 운동 중에 등이 완전히 접혔는지 확인하기가 힘들다. 따라서 운동을 준비하는 단계에서 미리 등을 접어놓는 것이 좋다.

 CAUTION

바를 걸어놓는 곳과 운동수행 중 바가 움직이는 동선의 거리가 너무 멀면 바를 띄우고 내릴 때 어깨 부상 위험이 있으니 거리를 가깝게 설정한다.

2 바를 내리는 게 아니라 가슴 중앙이 하늘로 튀어 나간다는 느낌을 가진다. 겨드랑이가 벌어지는 것은 신경 쓰지 말고, 가슴 중앙부터 벌어지는 느낌이 가장 중요하다. 그리고 가슴 중앙이 완전히 늘어났으면 가동 범위를 멈춘다.

 TIP

가슴 중앙을 완벽하게 벌리기 위해서는 윗가슴이 들린 상태를 유지해야 한다. 윗가슴을 들어 놓지 않으면 오히려 등의 최상단이 말려서 가슴을 제대로 벌릴 수도 없다.

 CAUTION

간혹 바를 가슴에 닿을 정도로 억지로 내리려고 하는 사람들이 있다. 이것은 벤치 프레스 이완 자세에서 어깨 부상으로 직결되는 가장 위험한 행동이다. 전완의 길이와 가슴의 유연성 그리고 몸통 두께에 따라서 가동 범위를 개개인에 맞게 정해야 한다.

3 바를 미는 것이 아니라 윗가슴을 들면서 바닥 쪽으로 빠진다고 생각한다. 그리고 윗가슴을 완벽하게 들어 놓을 수 있는 최대 지점에서 수축 가동 범위를 멈춘다.

 TIP

벤치에 누워있지만 서 있는 상태에서 윗가슴을 들고 뒤로 빠진다고 생각한다. 윗가슴을 들어 놓아야 어깨관절을 고정할 수 있고 가슴에 텐션을 유지할 수 있다.

 CAUTION

간혹 팔로 미는 것에만 신경 쓰다 보면 팔꿈치가 완전히 펴지게 되는데, 벤치 프레스 이완 자세에서 팔꿈치는 완전히 펴지는 것 자체가 어깨를 사용한다는 반증이다. 그러므로 윗가슴을 들고 빠질 수 있는 곳까지 빠졌다면 그 지점에서 과감하게 멈추어야 한다.

양선수의 핵심 노트

플랫 벤치 바벨 프레스는 가슴 중앙을 타깃으로 한다고 알려져 있는데 생각보다 가슴 하부의 개입이 많은 운동이다. 평평한 벤치에 누워서 가슴을 완벽하게 벌리기 위해서는 윗가슴을 들어 놓아야 하는데, 그러면 가슴이 전체적으로 살짝 들리고 중력이 작용하는 반대 방향으로 가슴 중앙과 가슴 하부가 같이 향하게 된다. 그래서 초보자의 경우 플랫 벤치 바벨 프레스를 할 경우 가슴 하부보다는 윗가슴에 조금 더 집중해줄 필요가 있다.

플랫 벤치 덤벨 프레스
FLAT BENCH DUMBBELL PRESS

》》 플랫 벤치 덤벨 프레스는 가슴 운동의 가장 근본이 되는 플랫 벤치 바벨 프레스와 단 한 가지를 제외하면 완전히 동일한 운동이다. 덤벨 운동은 바 운동에 비해 어깨와 팔꿈치, 손목 관절이 편안하다는 장점이 있다. 우리 몸은 상완과 손의 모양을 본능적으로 일치시킨다. 가슴 중앙을 넓게 벌리게 되면 상완이 수평이 아닌 사선을 그리며 움직이게 되고 그 모양과 손의 모양이 일치된다. 하지만 바를 잡으면 손이 수평을 유지할 수밖에 없기 때문에 운동 중에 이 원리를 이해하지 못한다면 상완이 손의 모양과 일치되기 위해 위쪽으로 들리는데 이는 어깨 부상의 원인이 된다. 그 외에는 플랫 벤치 바벨 프레스와 완전히 동일하게 진행한다.

1 벤치에 누워 윗가슴을 들고 벌려놓은 상태에서 등을 완전히 접는다. 가슴을 완벽하게 벌려서 이완하기 위해서는 등이 필연적으로 완전히 접혀야 한다. 그 상태에서 덤벨을 잡는다. 그러면 즉시 가슴에 수축 상태를 설정할 수 있다. 바벨 프레스와는 달리 승모근과 어깨를 억지로 아래로 내릴 필요 없이 덤벨을 상완의 모양에 맞게 삼각형 모양으로 유지하면 어깨의 개입을 줄여서 운동할 수 있다.

TIP

초보자의 경우 무게를 든 채로 벤치에 등이
눌려있기 때문에 운동 중에 등이 완전히
접혔는지 확인하기가 힘들다. 따라서 운동을
준비하는 단계에서 미리 등을 접어놓는 것이
좋다.

CAUTION

덤벨을 절대 수평이 되게 잡지 않는다.
상완의 모양에 맞추어야 어깨 부상을 피할
수 있다.

TIP

가슴 중앙을 완벽하게 벌리기 위해서는
윗가슴이 들린 상태를 유지해야 한다.
윗가슴을 들어 놓지 않으면 오히려 등의
최상단이 말려서 가슴을 제대로 벌릴 수도
없다.

2 덤벨을 내리는 게 아니라 가슴 중앙이 하늘로 튀어 나간다는 느낌을 가진다.
겨드랑이가 벌어지는 것은 신경 쓰지 말고, 가슴 중앙부터 벌어지는 느낌이 가장
중요하다. 그리고 가슴 중앙이 완전히 늘어났으면 가동 범위를 멈춘다.

CAUTION

가슴을 완전히 벌리고 덤벨을 본인의 가동
범위에 맞게 내렸을 때 전완의 모양이
수직에서 바깥쪽으로 빠지면 안 된다. 가슴
중앙보다 어깨 쪽에 자극이 많이 들어갈 수
있다.

 TIP

벤치에 누워있지만 서 있는 상태에서
윗가슴을 들고 뒤로 빠진다고 생각한다.
윗가슴을 들어 놓아야 어깨관절을 고정할 수
있고 가슴에 텐션을 유지할 수 있다.

 CAUTION

바벨과는 달리 덤벨은 양손이 자유롭기
때문에 수축을 하게 되면 살짝 모이게 된다.
오히려 덤벨을 억지로 모으려고 하면 어깨가
앞으로 나와서 가슴에 텐션이 빠지게 된다.

3 덤벨을 미는 것이 아니라 윗가슴을 들면서 바닥 쪽으로 빠진다고 생각한다.
그리고 그 윗가슴을 완벽하게 들어 놓을 수 있는 최대 지점에서 수축 가동 범위를
멈춘다.

양선수의 핵심 노트

사람들이 알고 있는 것과는 달리 바벨보다는 덤벨로 인한 부상 확률이 현저히 낮다. 앞서 얘기한 것처럼 강제로 수평
을 잡아야 하는 바벨에 비해서 덤벨은 양손의 모양을 자유롭게 설정할 수 있기 때문에 자신의 관절 모양대로 움직여
야 하는 보디빌딩의 특성상 부상으로부터 자유롭다.

플랫 체스트 프레스 머신
FLAT CHEST PRESS MACHINE

>>> 플랫 체스트 프레스 머신은 플랫 벤치 바벨 프레스를 앉아서 할 수 있게 만들어 놓은 가슴 운동 기구이다. 모든 동작은 벤치 프레스와 동일하나 한 가지 차이점이 있는데, 바로 그립의 모양이다. 앞서 우리 몸은 상완의 모양과 손의 모양이 일치될 때 관절이 가장 편하다고 했다. 가슴 중앙을 벌릴 때 상완은 삼각형 모양을 그리기 때문에 그립 역시 일자보다는 상완의 모양과 일치된 그립의 기구를 선택하는 것이 가장 좋다.

1 가슴 중앙을 완벽하게 벌렸을 때 팔꿈치의 높이는 사람마다 다르다. 팔꿈치의 높이를 전완이 미는 방향과 평행하게 맞추고, 손의 높이에 정확하게 그립이 올 수 있도록 안장 높이를 설정한다. 가슴을 완벽하게 벌려서 이완하기 위해서는 등이 필연적으로 완전히 접혀야 한다. 따라서 윗가슴을 들어서 벌려놓은 상태에서 등을 완전히 접고 등으로 패드를 민다. 그러면 즉시 가슴을 수축 상태로 만들 수 있다.

 TIP

자신의 몸에 기구를 맞추어야 하기 때문에
등받이나 안장의 각도를 다양하게 조절할 수
있는 기구를 선택하는 게 좋다.

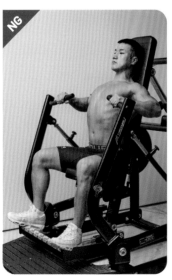

 CAUTION

안장을 너무 낮추면 어깨와 승모근이 위로
들려서 어깨의 개입이 너무 많아지고,
안장을 너무 높이면 가슴 중앙을 제대로
벌릴 수 없다.

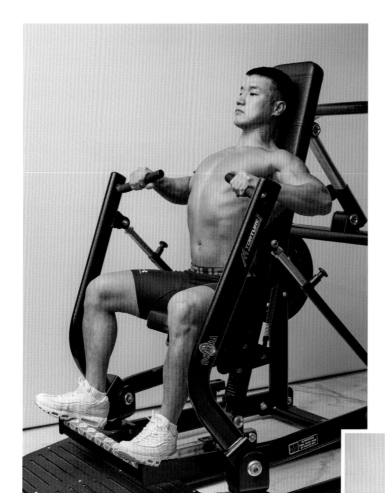

 TIP

가슴 중앙을 완벽하게 벌리기 위해서는
윗가슴이 들린 상태를 유지해야 한다.
윗가슴을 들어 놓지 않으면 오히려 등의
최상단이 말려서 가슴을 제대로 벌릴 수도
없다.

 CAUTION

상체 각도와 미는 방향이 T자 모양에서
벗어날 경우 가슴의 자극 부위가 변할 수
있고, 운동 중 엉덩이가 패드에서 떨어지면
상체 각도가 변하기 때문에 가슴 하부로만
자극이 갈 수 있다.

2 가슴에 텐션을 유지하고 윗가슴을 든 상태에서 가슴 중앙이 튀어
나가면서 그립을 천천히 몸쪽으로 당긴다고 생각한다. 겨드랑이가
벌어지는 것은 신경 쓰지 말고, 가슴 중앙부터 벌어지는 느낌이 가장
중요하다. 그리고 가슴 중앙이 완전히 늘어났으면 가동 범위를 멈춘다.

TIP

그립은 그 자리에 있고 몸이 뒤로 빠지는 느낌을 가진다. 윗가슴을 들어 놓아야 어깨관절을 고정할 수 있고 가슴에 텐션을 유지할 수 있다.

CAUTION

윗가슴을 들어 놓을 수 있는 지점까지만 빠지는 느낌을 가진다. 그립과 과하게 멀어질수록 어깨가 앞쪽으로 나오고 가슴에 텐션이 빠진다.

3 그립을 미는 게 아니라 윗가슴을 들면서 뒤로 빠진다고 생각한다. 그리고 윗가슴을 완벽하게 들어 놓을 수 있는 최대 지점에서 수축 가동 범위를 멈춘다.

양선수의 핵심 노트

사람들이 흔히 알고 있는 것과는 달리 프리 웨이트 운동보다 머신 운동이 더 어렵다. 그 이유는 프리 웨이트 운동의 경우 자신의 몸에 맞게 장비를 움직여서 조절할 수 있지만, 머신 운동의 경우 각도 조절에 대한 개념이 없는 경우 운동하는 내내 틀어진 각도로 운동할 수 있기 때문이다.

플랫 플라이 머신
FALT FLY MACHINE

>>> 플랫 플라이 머신은 플랫 벤치 바벨 프레스를 기반으로 하는 운동이다. 많은 사람들이 플라이류의 운동을 어려워하는데 벤치 프레스만 잘한다면 플라이 운동은 굉장히 쉬운 운동이다. 프레스와 플라이의 차이점이라면 팔꿈치 관절을 자연스럽게 굽힐 것인가 움직이지 않게 고정할 것인가이다. 그 외에는 프레스와 마찬가지로 이완할 때 손에 들고 있는 중량을 벌리는 느낌보다는 가슴 중앙을 벌리고 앞으로 튀어 나가는 느낌을 가진다. 그리고 수축할 때 팔을 이용해서 모으는 느낌보다는 윗가슴을 들고 몸통이 뒤로 빠진다는 느낌을 가지면 어깨의 개입을 줄이고 가슴 근육에 텐션을 유지한 채로 수축할 수 있다. 이완되는 정도는 프레스와 플라이가 완전히 동일하다. 다만 수축되는 정도는 바벨 프레스의 경우 양손이 바에 고정되어 있어 플라이가 프레스에 비해 높다. 윗가슴을 들고 뒤로 빠질수록 팔은 모이기 때문에 양손이 자유로운 플라이의 수축 정도가 높은 것이다.

1 플라이 머신에 앉아 그립을 잡고 팔꿈치를 몸쪽으로 살짝 꺾어서 움직이지 않게 고정한다. 프레스에서는 손의 위치와 팔꿈치의 위치가 동일선상에 놓여 있지만 플라이의 경우에는 어깨보다 팔꿈치가 아래쪽에, 팔꿈치보다 손이 아래쪽에 위치하는 것이 좋다. 사람마다 차이는 있지만 대략 손이 명치 높이 정도에 위치하는 것이 좋다. 그 높이를 설정하기 위해서 안장 높이 조절이 매우 중요하다.

 TIP

가슴이 완전히 벌어졌는지 확인하려면 등이
완전히 접혔는지를 필수적으로 체크한다.
누워서 수행하는 가슴 운동에 비해 앉아서
하는 가슴 운동은 등이 패드에 덜 눌리기
때문에 등을 접는 것이 훨씬 수월하다.

 CAUTION

안장을 너무 높이면 어깨와 승모근이 위로
들려서 어깨의 개입이 많아지고, 안장을
너무 낮추면 가슴 중앙을 제대로 벌릴 수
없다.

 TIP

가슴을 벌릴 때 어깨 쪽에 통증이 있다면
팔꿈치를 프레스 운동하듯이 더 굽혀준다.
개인마다 다르지만 팔꿈치를 과하게 펼수록
자극이 어깨 쪽으로 갈 수 있기 때문이다.

 CAUTION

가슴 중앙이 완전히 이완된 상태에서 욕심을
더 내면 승모근과 어깨가 전체적으로
들리면서 어깨 쪽으로 중량이 이동될 수
있다. 따라서 가슴 중앙이 다 벌어지면
이완을 멈추는 것이 좋다.

2 윗가슴을 들고 앞으로 튀어 나가면서 그립을
강하게 잡고 몸쪽으로 굽어진 팔꿈치를
단단하게 고정하며 벌린다. 가슴이 완전히
벌어지고 등이 완전히 접혔다면 이완을 멈춘다.

TIP

손과 어깨를 사용해서 모으는 것에 신경
쓰기보다는 몸이 앞뒤로 움직이기 때문에
벌어졌던 팔이 자연스럽게 모인다고
생각해야 한다.

CAUTION

절대 억지로 양손을 모아서 붙이려고 하면
안 된다. 윗가슴을 든 상태를 유지할 수
있는 지점까지 뒤로 빠졌다면 가슴 수축은
중앙까지 완벽하게 된 것이다. 양손을
억지로 모으거나 팔꿈치를 완전히 펴려고
하면 어깨가 앞쪽으로 나오고 가슴에
텐션이 빠지게 된다. 그 지점이 사람마다
다르기 때문에 자신의 근육 가동 범위를 잘
설정해야 한다.

3 윗가슴을 든 상태에서 등으로 패드를 밀고 뒤로 빠진다고
생각한다. 그러면 양팔이 모이고 굽어있던 팔꿈치가 이완할
때보다 조금 더 펴진다. 윗가슴을 든 상태를 유지할 수 있는
지점까지만 뒤로 빠졌다면 가슴 중앙까지 강하게 수축되는 느낌을
기억한다.

양선수의 핵심 노트

팔을 펴고 진행한다고 해서 프레스와 다른 운동이라고 생각할 수 있다. 가슴 운동은 플랫 벤치 바벨 프레스를 기본으
로 하고, 응용을 통해 다양한 각도와 부분에 집중할 수 있다. 프레스와 마찬가지로 팔을 펴는 동작이 포함되어 있어서
두 운동은 유사하다고 할 수 있다. 그러나 대다수의 사람들은 플라이 운동보다 프레스 운동을 선호한다. 이는 굽혀진
상태에서 펴지는 팔꿈치 관절을 완벽하게 고정하기 어렵기 때문이다. 또한 플라이 운동은 프레스 운동보다 난이도가
높아 다소 도전적일 수 있다. 이에 따라 운동 선택은 개인의 목표와 체감 차이에 따라 달라질 수 있다. 각 개인의 능력
과 목표에 따라 적절한 운동을 선택하는 것이 중요하다.

플랫 덤벨 플라이
FLAT DUMBBELL FLY

≫≫ 플랫 덤벨 플라이는 플랫 벤치 덤벨 프레스와 유사한 운동으로 이해할 수 있다. 그러나 프레스는 팔꿈치를 굽혀주는데 반해 플라이는 팔꿈치를 고정해야 하기 때문에 난이도가 높아진다. 모든 가슴 운동과 동일하게 벤치에 누운 상태에서 가슴 중앙을 벌리고 하늘로 튀어 나가는 느낌을 가져야 한다. 이완되는 정도는 덤벨 프레스와 유사하지만, 수축되는 정도는 덤벨 플라이가 더 많다. 양손을 더 가깝게 모을 수 있다는 것은 윗가슴을 들고 뒤로 더 빠질 수 있다는 의미이므로 수축 강도가 더 높아진다.

 TIP

등이 펴져 있는 상태에서 진행하면 가슴을 완벽하게 벌리기 어렵다. 그러므로 누워 있는 상태에서 등이 완전히 접혀있지 않다면 준비 자세에서 등을 접는 동작을 반드시 해준다.

 CAUTION

덤벨의 모양을 인위적으로 조절하면 상완의 모양과 손의 모양을 맞출 수 없다. 항상 가장 자연스러운 상완의 모양과 맞추어 진행한다.

1 벤치에 누워 덤벨을 잡고 윗가슴을 들어서 가슴을 벌린다. 가슴을 완전히 벌리기 위해서는 등이 완전히 접혀있는지를 항상 확인해야 한다.

 TIP

팔꿈치를 완전히 펴지 않고 프레스에서
전완이 미는 방향으로 수직을 유지하는
것보다 조금 더 바깥쪽으로 빠지게만 하면
된다.

2 어깨나 팔을 양옆으로 벌리는 동작이 아닌 가슴 중앙이 하늘로 벌어져서 튀어
나가면 그로 인해 덤벨이 양쪽으로 벌어지는 것이다. 그 후에 등 또한 완전히
접혔는지 확인해야 한다.

 **CAUTION**

팔꿈치를 너무 많이 펴게 되면 가슴보다
어깨 쪽으로 자극이 많이 갈 수 있다.

TIP

덤벨이 모이는 정도는 개인별 차이가 있다. 양손의 덤벨이 닿을 정도로 과하게 모으면 무게가 가슴에서 빠지고 팔로 버티게 된다.

CAUTION

덤벨을 움직인다고 생각하면 가슴에 텐션을 제대로 유지할 수 없고 어깨와 팔의 개입이 많아진다. 윗가슴을 든 상태에서 등이 뒤로 빠지면 상완이 자연스럽게 모이는 원리를 기억하자.

3 덤벨을 모으는 것이 아닌 윗가슴을 들고 아래로 빠진다고 생각하면 덤벨이 모이게 된다. 그리고 윗가슴을 들고 빠질 수 있는 지점까지만 빠져서 수축시킨다.

양선수의 핵심 노트

덤벨 프레스와 같은 운동이라고 생각하고 수행해야 한다. 팔꿈치를 펴고 진행한다고 해서 덤벨 프레스와 다른 운동이라고 생각하기 때문에 플라이가 어려운 것이다. 모든 가슴 운동은 동일하게 이해하고 진행해야 한다.

인클라인 벤치 바벨 프레스
INCLINE BENCH BARBELL PRESS

>>> 윗가슴 운동의 가장 기본인 인클라인 벤치 바벨 프레스는 한 가지를 제외하면 모든 동작과 느낌이 플랫 벤치 바벨 프레스와 동일하다. 플랫 운동에서 가슴 중앙이 하늘로 튀어 나가는 느낌을 잡았다면, 인클라인 운동은 가슴 윗부분, 즉 쇄골 아래쪽이 하늘로 튀어 나가는 느낌을 잡으면 된다.

TIP

윗가슴을 들면 허리가 아치 형태가 되는데 그 정도가 개인에 따라 다르다. 그러므로 벤치 각도는 무조건 45도가 좋다기보다는 자신의 윗가슴을 편하게 들었을 때 윗가슴이 정확하게 하늘 쪽을 향하는 각도로 조절한다.

CAUTION

준비 자세에서 윗가슴을 들어서 벌리고 등을 접는 과정을 거치지 않으면 바를 처음 띄울 때 어깨에 무리가 갈 수 있다.

1 윗가슴을 들어서 벌리면 등이 완전히 접히게 된다. 준비 자세에서 미리 윗가슴을 하늘로 들어서 벌려놓고 등은 접은 상태를 취한다. 그 상태에서 바를 잡고 띄우면 윗가슴에 수축이 들어간 상태가 된다.

TIP

가동 범위는 개인마다 몸통의 두께나 전완의 길이에 따라 다르다. 따라서 어깨나 겨드랑이 부분이 늘어나는 것은 신경 쓰지 말고 윗가슴이 완전히 늘어났으면 가동 범위를 멈추어야 한다.

CAUTION

겨드랑이 부분이 늘어나는 것을 신경 쓰다 보면 가슴 중앙부터 제대로 사용하지 못하고 어깨만 지나치게 사용해서 부상 위험이 높아진다. 오히려 겨드랑이와 어깨는 그대로 두고 가슴 중앙에만 집중하면서 동작을 수행해야 한다.

2 바를 팔과 어깨로 내리는 게 아니라 바는 그 자리에 그대로 있고 윗가슴을 들고 벌려서 하늘로 튀어 나가는 느낌을 가진다. 윗가슴이 다 벌어졌다면 가동 범위를 멈춘다.

 TIP

플랫 벤치에 익숙한 사람들은 바를 대각선
방향으로 진행하는 경우가 많다. 반면에
인클라인 벤치에서는 바의 진행 방향과
윗가슴이 튀어 나가는 방향이 하늘
방향이라는 것을 명심하자.

 **CAUTION**

윗가슴을 들고 아래로 빠지는 느낌에
집중하지 못하면 가슴에 텐션이 빠지고
어깨만 사용하게 된다.

3 바를 팔과 어깨로 밀지 말고 윗가슴을 최대한 들면서 아래로
빠진다고 생각한다. 윗가슴을 든 상태를 유지하면서 빠질 수
있는 최대 지점이 최대 수축 지점이다.

양선수의 핵심 노트

보통 인클라인 운동이 플랫 운동에 비해 부상에 취약하다고 알려져 있는데 사실은 그 반대이다. 두 운동 모두 윗가슴
을 들면 팔꿈치가 어깨보다 아래쪽으로 내려가면서 삼각형 모양을 그리는데, 플랫 운동은 무게가 상체를 기준으로
T자로 작용하므로 팔꿈치를 잘못 내리면 어깨를 과사용하게 되어 어깨 부상 위험이 있다. 반면에 인클라인 운동은
무게가 상체를 기준으로 위쪽 대각선 방향으로 작용하기 때문에 어깨 부상의 위험이 덜 하다.

인클라인 벤치 덤벨 프레스
INCLINE BENCH DUMBBELL PRESS

>>> 인클라인 벤치 덤벨 프레스는 인클라인 벤치 바벨 프레스와 한 가지를 제외하면 완전히 동일한 운동이다. 바벨과 달리 덤벨을 잡을 때는 손을 상완의 모양과 일치시켜서 삼각형 모양을 만들어야 한다. 덤벨을 밀고 내리는 느낌보다는 윗가슴을 들어서 벌리고 하늘로 튀어 나가고 윗가슴을 들고 뒤로 빠지는 느낌을 갖는다. 많은 사람들이 알고 있는 것과는 달리 바벨보다 덤벨을 사용할 때 어깨 부상의 위험률이 현저히 낮다.

1 준비 자세에서 미리 윗가슴을 하늘로 들어서 벌려놓고 등을 접은 상태를 취한다. 윗가슴을 들어서 벌리면 등이 완전히 접히게 된다. 양쪽 덤벨을 수평에 맞춰 잡으려고 하지 말고 윗가슴을 벌리면 상완의 모양이 삼각형을 그리게 되므로 덤벨 역시 상완의 모양과 일치되게 삼각형을 유지한다.

 TIP

윗가슴을 자연스럽게 들어서 하늘을 향하게 만들면 허리는 자연스럽게 아치 형태가 된다.

 CAUTION

허리를 꺾는 것에 포인트를 두면 허리에 무리가 가므로 절대 안 된다.

윗가슴을 들고 벌리면서 허리가 아치 형태가
될 때 윗가슴이 정확히 하늘 쪽을 향하고
있는지 확인해야 운동이 되는 포인트가
변하지 않는다.

 CAUTION

엉덩이는 꼭 벤치에 붙어있어야 한다.
엉덩이가 뜨면 상체 각도가 변해서 가슴의
운동 포인트가 변하게 된다. 윗가슴을
개인별 가동 범위에 맞게 다 벌렸다면
멈추어야 한다. 가동 범위에 욕심을 부리면
그때부터는 어깨로만 자극이 들어간다.

2 덤벨을 밀고 내리는 게 아니라 덤벨은 그 자리에 그대로 있고 윗가슴을 들고
벌리면서 하늘로 튀어 나가는 느낌이다.

TIP

항상 윗가슴이 향하고 있는 지점이 하늘 방향이라는 것을 잊으면 안 된다. 인클라인 벤치는 비스듬하게 누워있기 때문에 상체 방향을 향하게 되면 덤벨이 수직이 아니라 사선으로 움직이게 된다.

CAUTION

윗가슴을 든 상태를 유지하는 것이 핵심이다. 덤벨을 과하게 많이 미는 것에 집착하면 가슴에 텐션이 빠지고 어깨를 과사용하게 된다.

3 덤벨을 팔이나 어깨로 미는 게 아니라 윗가슴을 든 상태를 유지하면서 몸통이 아래쪽으로 빠진다고 생각한다. 그리고 가슴을 든 상태를 유지할 수 있는 최대 지점이 최대 수축 지점이다.

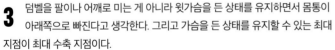

양선수의 핵심 노트

이완되는 정도는 바벨을 사용할 때와 완전히 동일하다. 다만 양팔이 자유롭기 때문에 수축되는 정도에서는 약간의 이점이 있다. 즉, 윗가슴을 들고 뒤로 더 빠질 수 있다는 의미이다.

윗가슴

인클라인 체스트 프레스 머신
INCLINE CHEST PRESS MACHINE

≫ 인클라인 체스트 프레스 머신은 윗가슴을 타깃으로 하는 운동이다. 따라서 인클라인 벤치 바벨 프레스, 인클라인 벤치 덤벨 프레스와 완전히 동일하게 진행해야 한다. 인클라인 체스트 프레스 머신과 프리 웨이트는 미는 방향에서 차이가 있을 수 있다. 프리 웨이트로 바벨과 덤벨을 다룰 경우에는 무조건 중력이 작용하는 반대 방향, 즉 윗가슴이 정확하게 하늘 쪽을 향해야 하지만 머신을 사용할 경우에는 미는 방향이 머신에 따라 달라질 수 있다. 일단 미는 방향이 어디를 향하는지 확인하고 윗가슴이 그 방향을 향하도록 등받이 각도를 조절한다.

 TIP

허리 아치가 어느 정도 되는지에 따라 등받이 각도를 조절해야 한다. 아치가 많이 되는 사람은 상대적으로 등받이 각도를 높게, 아치가 덜 되는 사람은 상대적으로 등받이 각도를 낮게 조절한다.

CAUTION

그립을 띄우기 전에 미리 윗가슴을 들어서 등을 접어놓지 않으면 처음부터 가슴 근육으로 시작하지 못하고 어깨를 먼저 사용하게 된다.

1 무게가 작용하는 반대 방향으로 윗가슴, 즉 쇄골 바로 아래쪽이 향하도록 등받이 각도와 안장 높이를 조절한다. 윗가슴을 들어서 벌리면 등이 완전히 접히게 된다. 그 상태에서 그립을 잡고 띄우면 윗가슴이 수축된 상태를 취하게 된다.

TIP

겨드랑이나 어깨 전면을 벌리지 않고 윗가슴 가운데만 벌리면서 튀어 나간다는 느낌을 가지면 어깨의 과사용을 피할 수 있다.

CAUTION

윗가슴만 완벽하게 벌어졌으면 가동 범위를 멈추어야 하는데, 여기서 가동 범위에 욕심을 내면 어깨와 팔꿈치가 위로 들리면서 어깨에 무리가 갈 수 있으므로 주의한다.

2 일단 윗가슴이 밀고자 하는 방향을 정확하게 향하는지를 확인하고, 그립을 내리는 느낌보다는 윗가슴을 들고 벌려서 그 방향으로 튀어 나가는 느낌을 가진다. 쇄골이 뻐근한 느낌이 정확한 표현일 것이다. 윗가슴이 다 벌어지면 이완 범위를 멈추고 등이 완전히 접혀있는지도 항상 확인해야 한다.

 TIP

윗가슴에 텐션을 계속 유지하기 위해서는
윗가슴을 들고 빠질 때 이완할 때보다
윗가슴이 더 들려야 한다. 그러기 위해서는
팔로 밀기보다는 윗가슴을 들고 빠지는
느낌에 집중해야 한다.

 CAUTION

윗가슴을 든 상태를 유지할 수 있는 최대
지점을 지키는 것이 중요하다. 그렇지
못하고 최대 지점을 넘어가면 윗가슴을
들어 놓을 수 없어 가슴에 텐션이 빠지고
어깨 전면을 과사용하게 된다.

3 팔이나 어깨로 미는 게 아니고 윗가슴을 들고 튀어 나갔던
반대 방향으로 최대한 빠진다. 윗가슴을 든 상태를 유지할
수 있는 최대 지점까지 빠진다고 생각한다.

양선수의 핵심 노트

프리 웨이트는 우리 몸에 맞게 운동할 수 있는 반면 머신을 사용할 때는 개인별 신체 구조에 맞게 각도 조절을 잘해
야 한다. 그래서 생각보다 머신 사용이 어렵고 부상 위험도 높을 수 있다. 그러므로 머신 사용 시 올바른 각도 조절이
매우 중요하다.

스탠딩 인클라인 케이블 플라이
STANDING INCLINE CABLE FLY

» 스탠딩 인클라인 케이블 플라이는 윗가슴 운동이다. 많은 사람들이 프레스 운동과 플라이 운동을 다르게 생각하는데 사실 같은 운동이다. 프레스 운동은 전완이 바깥쪽으로 빠지고 자연스러운 움직임에 의해서 굽어지고 펴지는 데 반해 플라이 운동은 움직이지 않게 고정시키는 운동이라고 생각하면 이해가 쉽다. 팔꿈치 관절 본연의 움직임을 완벽하게 고정하는 것이 어렵기 때문에 플라이 운동이 프레스 운동보다 난이도가 높다고 할 수 있다. 스탠딩 상태에서 진행하는 가슴 운동은 팔과 어깨를 사용하지 않고 가슴을 벌리고 튀어 나간 후 윗가슴을 들고 빠지는 느낌을 가져야 하는 운동 특성상 등받이 없이 진행하기 때문에 몸통이 앞뒤로 움직이는 느낌을 잘 잡을 수 있다는 장점이 있다.

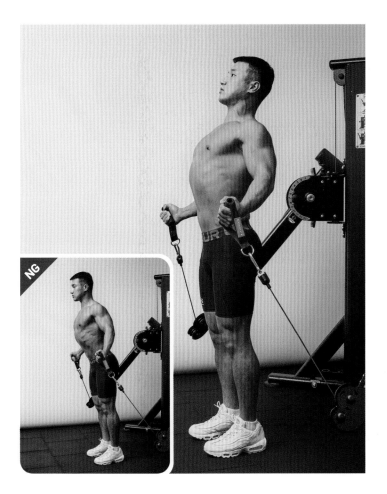

1 스탠딩 상태에서 정면이 아닌 대각선 위쪽을 향해서 윗가슴을 들고 벌려주면 등이 완전히 접히게 된다. 이때 양쪽 케이블 그립은 최대 무릎 높이 정도에 위치시키는 것을 추천한다. 방향을 대각선 위쪽으로 잡고 윗가슴을 향하면 어깨가 위로 들릴 수 없고 상완이 삼각형 형태를 이루게 된다.

 TIP

대각선 방향으로 윗가슴을 들고 벌리는 느낌을 쉽게 설명하자면, 가슴을 들고 정면 하늘 쪽으로 날아가는 느낌이라고 이해하면 쉽다.

 CAUTION

방향을 정면으로 향하면 상체만 앞으로 기울이게 되고 윗가슴을 들어서 벌리는 느낌을 제대로 잡을 수 없다.

TIP

스탠딩 상태에서 수축할 때는 당연히
윗가슴을 들면서 상체가 뒤쪽으로 빠지는
동작이 나와야 한다. 만약 팔로 모으는
동작에 집중하면 수축할 때 상체가 앞으로
나오고 가슴에 텐션을 유지할 수 없게 된다.

CAUTION

절대 억지로 팔이나 어깨를 사용해서
케이블을 모으려고 하면 안 된다. 윗가슴을
든 상태를 유지할 수 있는 지점까지 빠지면
그로 인해서 케이블이 모이게 된다.

CAUTION

케이블의 높이가 무릎보다 높으면 윗가슴을
하늘로 드는 느낌을 제대로 잡을 수 없다.
케이블의 높이가 높으면 높을수록 윗가슴보다는
오히려 가슴 중앙을 사용하게 된다.

2 팔과 어깨를 사용해서 케이블을 모으는 것이 아니라 윗가슴을 들고 뒤로 빠지는
느낌을 잡는다. 이때 스탠딩 상태이기 때문에 몸이 뒤로 살짝 빠지는 느낌이 난다.
윗가슴을 든 상태를 유지할 수 있는 최대 지점에서 수축을 멈춘다.

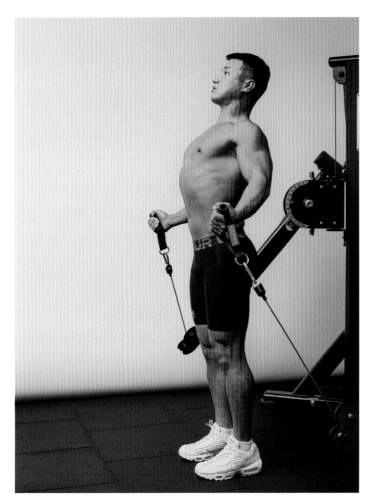

TIP

어깨의 과사용을 피하기 위해서는 처음에 팔꿈치 각도를 상대적으로 좁게 설정해서 시작하는 것이 좋다. 그 후에 조금씩 각도를 벌리고 자신에게 맞는 최적의 각도를 정한다.

3 윗가슴을 들고 하늘 쪽으로 튀어 나가는 느낌으로 윗가슴이 완전히 벌어졌다면 가동 범위를 멈춘다. 윗가슴을 벌릴 때 팔꿈치 각도는 사람마다 다르지만 너무 많이 펴면 어깨 쪽으로 자극이 많이 갈 수 있다. 따라서 어깨가 아니라 윗가슴에 텐션을 유지할 수 있는 팔꿈치 각도를 확인해야 한다.

양선수의 핵심 노트

모든 가슴 운동은 팔과 어깨를 사용하는 것이 아니라 몸이 튀어 나가고 뒤로 빠지는 느낌을 잡는 것이 핵심인데, 일반적으로 벤치에 눕거나 기대어 진행하는 운동은 오로지 느낌으로만 진행해야 한다. 하지만 스탠딩 운동의 경우 실제로 상체를 앞뒤로 움직일 수 있어 자신의 몸이 주가 되어 움직이는 느낌을 잘 잡을 수 있다.

윗가슴

인클라인 덤벨 플라이
INCLINE DUMBBELL FLY

>>> 인클라인 덤벨 플라이는 인클라인 벤치 덤벨 프레스와 같은 운동이다. 다만 프레스의 경우 무게가 작용하는 방향으로 자연스럽게 팔꿈치가 굽어지면 되기 때문에 오히려 팔꿈치를 고정해야 하는 플라이가 더 고난도 운동이라고 할 수 있다. 윗가슴, 즉 쇄골 아래쪽이 정확하게 하늘을 향할 수 있도록 벤치 각도를 조절하는 것이 매우 중요하고, 팔이나 어깨를 사용하는 것이 아니라 윗가슴이 하늘을 향해서 벌어지며 튀어 나가는 느낌을 갖도록 한다.

 TIP

무게를 든 채로 벤치에 누워 있기 때문에 등을 접지 못하면 가슴 또한 완전히 벌릴 수 없다. 그래서 초보자의 경우 등이 완전히 접혔는지를 항상 확인하는 습관을 기르는 것이 좋다.

 **CAUTION**

가슴을 편하게 들었을 때 허리 아치가 얼마나 되는지는 개인에 따라 다르다. 자신의 허리 아치가 얼마나 되는지를 일단 체크하고, 그에 따라서 벤치 각도를 어떻게 설정해야 윗가슴이 정확히 하늘 쪽을 향하는지 확인한다.

1 벤치 각도는 윗가슴을 편하게 들었을 때 윗가슴 근육이 정확히 하늘을 향할 수 있는 각도로 정한다. 덤벨을 띄우고 윗가슴을 하늘 쪽으로 완전히 벌리면 등 또한 완벽하게 접히게 된다.

TIP

인클라인 벤치에 누워 있음에도 간혹 플랫 벤치처럼 상체 정면으로 방향을 잡는 경우가 있다. 그런 경우 덤벨이 수직이 아니라 대각선으로 움직이게 된다. 반드시 하늘 방향을 목표로 설정해서 움직여야 한다.

2 윗가슴을 하늘 쪽으로 들고 벌리면서 튀어 나가면 덤벨이 몸쪽으로 내려오고 등이 완전히 접힌다. 어깨나 겨드랑이 부분이 아니고 윗가슴 가운데가 완전히 벌어졌다면 그 지점에서 가동 범위를 멈춘다.

CAUTION

윗가슴을 제대로 들고 벌리면 어깨와 승모근이 위쪽으로 들리는 현상을 막아준다. 그리고 팔꿈치는 어깨 라인이 아니라 대략 겨드랑이 라인에서 움직이게 된다. 이를 제대로 못할 경우 승모근과 어깨가 들리고 팔꿈치도 어깨 라인으로 움직이기 때문에 가슴보다는 어깨 쪽에 자극이 많이 들어갈 수 있다.

TIP

항상 우선순위를 덤벨을 미는 것이 아닌
윗가슴을 들고 아래로 빠지는 것에 두어야
가슴에 텐션을 유지할 수 있고 어깨의 과한
개입을 피할 수 있다.

CAUTION

덤벨을 많이 미는 것에 집중하면서 윗가슴을
든 상태를 유지할 수 없는 지점까지 밀게
되면 어깨가 앞으로 나오고 윗가슴에 텐션이
빠진다. 따라서 윗가슴을 들어 놓으면
놓을수록 윗가슴을 강하게 수축시킬 수
있다고 생각하면 된다.

3 윗가슴을 든 상태를 유지할 수 있는 최대 지점까지 아래로 빠지면 덤벨이
자연스럽게 몸에서 멀어지고 모이게 된다. 그 지점에서 가동 범위를 멈추고 가슴
중앙까지 수축이 들어가는 것을 느낀다.

양선수의 핵심 노트

플라이는 양손이 자유롭기 때문에 가슴을 이완하면 덤벨이 서로 멀어지고 수축하면 모이게 된다. 이때 절대 손으로
덤벨을 벌리고 모으는 느낌을 잡으면 안 된다. 덤벨은 항상 그대로 있고 윗가슴이 벌어지면서 튀어 나가기 때문에 덤
벨이 벌어지고, 윗가슴을 들고 빠지기 때문에 덤벨이 일정 구간까지 모인다고 생각해야 한다.

딥스
DIPS

》》 딥스는 아랫가슴 운동으로 가슴 운동 중에서 어깨 전면부의 부상이 많은 운동 중 하나이다. 그리고 눕거나 앉아서 미는 운동에 비해 가장 근본적인 가슴 운동이라고 할 수 있다. 벤치 프레스를 예로 들면 푸시업을 누워서 하는 것이 벤치 프레스이고, 푸시업을 바닥에서 발을 떼고 하는 것이 바로 딥스이다. 바닥에서 발을 떼면 상체가 상대적으로 수직에 가깝게 서기 때문에 아랫가슴이 개입한다.

 TIP

무릎을 굽히고 힙 힌지를 잡아 놓아야 상체가 살짝 기울면서 가슴 하부가 바닥을 향하게 만들 수 있다.

 CAUTION

무릎을 펴고 힙 힌지를 잡지 않으면 상체를 앞으로 기울이기 어렵기 때문에 가슴 하부보다는 삼두 운동이 된다.

1 그립을 설정하고 몸을 띄운다. 윗가슴을 항상 들어 놓아야 하는데 그 이유는 윗가슴을 들어 놓아야 가슴이 말려서 어깨로만 버티는 현상을 피할 수 있다. 무릎을 접고 힙 힌지를 잡아 놓는다.

 TIP

간혹 가슴 하부 운동이라고 윗가슴을 들지 않아서 말리는 경우가 있는데 그런 경우 가슴 하부조차도 제대로 벌릴 수 없다.

 CAUTION

딥스가 유독 부상이 많은 이유는 가슴보다 어깨가 많이 늘어나기 때문이다. 따라서 어깨는 늘리지 않는다고 생각하고 아랫가슴 중앙이 바닥 쪽으로 튀어 나가고 가슴만 완전히 늘어나면 더 이상 가동 범위에 욕심내지 않고 멈추어야 한다.

2 윗가슴을 들어 놓고 무릎을 접어서 힙 힌지를 잡아 놓고 가슴 하부가 바닥을 향해서 내려가는 느낌을 가진다. 어깨의 과도한 개입을 피하고 가슴 하부가 완벽하게 늘어나면 가동 범위를 멈춘다.

 TIP

몸을 세우는 것이 아니라 윗가슴을 든 상태로 바닥에서 멀어진다고 생각해야 삼두나 어깨로만 버티지 않고 가슴에 텐션을 유지할 수 있다.

 CAUTION

가슴에 텐션을 유지하고 수축하게 되면 팔꿈치를 완전히 펼 수 없다. 만약 팔꿈치가 완전히 펴진다면 윗가슴을 들어 놓지 않은 상태에서 많이 올라가는 것에만 신경 쓰고 있는 건 아닌지 확인해야 한다.

3 윗가슴을 든 상태를 유지한 채 바닥에서 멀어진다고 생각하며 올라간다.
윗가슴을 든 상태를 유지할 수 있는 지점까지 올라간다.

양선수의 핵심 노트

딥스는 어렵게 생각할 필요 없이 상체를 많이 세운 상태에서 진행하는 푸시업이라고 생각하면 된다. 하지만 발이 바닥에서 떨어져 있기 때문에 힙 힌지나 무릎 각도를 제대로 설정하지 못할 경우 아랫가슴을 중력이 작용하는 바닥으로 제대로 향할 수 없다. 그러면 결국 어깨 전면이나 삼두만 사용하는 결과를 초래할 수 있다.

디클라인 체스트 프레스 머신
DECLINE CHEST PRESS MACHINE

>> 디클라인 체스트 프레스 머신은 체스트 프레스 머신에서 등받이의 각도를 더 눕힘으로써 변형되는 운동이다. 무게가 작용하는 반대 방향으로 가슴 하부를 향하게 하면 아랫가슴 운동이 된다.

 TIP

아랫가슴 운동에서도 가슴에 텐션을 유지하기 위해서는 항상 윗가슴을 들어 놓는 것이 중요하다.

 CAUTION

안장 높이가 너무 높으면 팔꿈치나 손이 너무 아래로 떨어지므로 가슴을 제대로 벌릴 수 없고, 너무 낮으면 팔꿈치나 어깨가 너무 위로 들리기 때문에 어깨로만 자극이 가게 된다.

1 윗가슴을 들고 가슴 하부가 미는 방향으로 정확하게 향할 수 있도록 설정한다. 안장 높이는 개인별 차이가 있는데, 윗가슴을 든 상태에서 어깨와 팔꿈치를 내리고 최대한 옆으로 벌리면 대략 겨드랑이 라인 정도에 위치하게 된다.

2 윗가슴을 들고
명치 부분부터
시작해서 가슴
바깥쪽까지 완전히
늘어나면 가동 범위를
멈춘다. 역시나
아랫가슴이 앞으로
튀어 나가는 느낌을
가져야 한다.

 TIP

플랫이나 인클라인에 비해
디클라인 운동은 어쩔 수 없이
가슴을 벌릴 때 승모근이
살짝 위로 들리게 된다. 이때
윗가슴을 들어 놓으면 어깨가
같이 올라가는 것을 막을 수
있다.

 CAUTION

아랫가슴만 벌린다고 운동이
되는 것이 아니다. 윗가슴을
들어 놓지 않으면 오히려 가슴
상부가 말리면서 어깨 사용이
많아지게 된다.

3 윗가슴을 들고
뒤로 빠지면서
윗가슴을 든 상태를
유지할 수 있는
지점까지만 뒤로
빠지면 가슴에 수축이
들어가게 된다.

 TIP

팔과 어깨로 미는 것이 아니라
몸이 뒤로 빠지는 느낌을
가진다.

 CAUTION

윗가슴을 들어 놓은 것을 풀게
되면 어깨가 앞으로 나오고
팔꿈치가 완전히 펴지게 된다.
그때부터는 가슴이 아니라
어깨와 팔만 사용하게 된다.

양선수의 핵심 노트

플랫 체스트 프레스 머신과 등받이 각도에서만 차이가 있을 뿐 완전히 동일한 운동이다. 모든 가슴 운동은 각도와 가슴의 어느 부분이 중력이나 장력이 작용하는 반대 방향으로 향하는지에 따라 달라질 뿐 근본 원리는 완전히 똑같다고 생각하면 된다.

디클라인 케이블 플라이
DECLINE CABLE FLY

≫ 디클라인 케이블 플라이는 아랫가슴 운동 중에서도 양팔이 자유롭기 때문에 몸통을 뒤로 더 많이 뺄 수 있다. 몸통을 더 많이 뺄 수 있다는 것은 양팔이 고정된 운동보다 가슴 중앙까지 수축을 더 많이 집어넣을 수 있다는 의미이다. 디클라인 케이블 플라이는 스탠딩 상태에서 진행하기 때문에 팔과 어깨를 사용하는 게 아니고 가슴 운동의 근본인 몸이 튀어 나가고 뒤로 빠지는 몸의 앞뒤 움직임 느낌을 제대로 잡을 수 있는 운동이다.

 TIP

스탠딩 상태에서 아랫가슴이 케이블의 진행 방향과 일치해야 하기 때문에 케이블을 어깨보다 위쪽에 위치시키는 것이 좋다.

 CAUTION

허리를 숙이면 케이블이 움직이는 방향이 아랫가슴이 아니라 가슴 중앙으로 향하기 때문에 허리를 편 상태에서 케이블의 높이를 조절해서 케이블의 진행 방향과 아랫가슴이 향하고 있는 방향을 일치시켜야 한다.

1 아랫가슴이 중력이나 장력이 작용하는 반대 방향을 향해야 하기 때문에 케이블과 그립의 위치가 몸보다 위쪽에 위치해야 한다. 운동하는 내내 윗가슴을 들어 놓아야 한다.

2 윗가슴을 들고 뒤로 빠지면 자연스럽게 팔이 모이면서 수축된다. 옆에서 봤을 때 몸이 뒤로 빠지는 동작이 보여야 한다.

TIP

윗가슴을 들고 뒤로 빠지면 상체가 뒤로 빠진다. 상체가 뒤로 빠진다는 것은 팔을 사용해서 미는 느낌이 아니라 팔은 수축되면서 자연스럽게 움직이고 몸이 직접적으로 움직이는 느낌을 잡아야 한다는 의미이다.

CAUTION

팔을 억지로 모으려고 하면 가슴이 말리고 텐션이 빠지게 된다. 가슴보다 어깨가 앞으로 나오는 순간 가슴 운동은 끝난다.

3 윗가슴을 들고 아랫가슴이 케이블의 장력이 작용하는 반대 방향으로 튀어 나가는 느낌을 가진다. 이때 등받이가 없기 때문에 등을 훨씬 더 수월하게 접을 수 있다. 아랫가슴이 완전히 벌어졌으면 가동 범위를 멈춘다.

TIP

허리를 숙이면서 앞쪽으로 기울이면 운동이 되는 가슴 근육 부위가 달라질 수 있다. 따라서 허리를 숙이는 동작을 취하지 않고 하체부터 상체가 완벽히 고정된 상태에서 튀어 나가는 느낌을 가진다.

CAUTION

가슴을 벌릴 때 팔꿈치 각도가 너무 펴지면 어깨 쪽으로 자극이 옮겨갈 수 있다. 팔꿈치 각도를 조절해서 중량이 가슴에 머물 수 있는 자신만의 각도를 정하는 게 중요하다.

양선수의 핵심 노트

스탠딩 상태에서 진행하는 운동의 최대 장점은 직접적으로 몸이 움직이는 느낌을 찾기 쉽고, 가슴이 완전히 벌어지면 당연히 접혀야 하는 등의 모양을 잡기가 수월하다는 점이다. 항상 케이블의 방향과 몸의 움직임이 같은 방향으로 향하지 않고, 케이블이 벌어질 때 몸이 나가고 케이블이 모일 때 몸이 빠지는 것이 핵심이다.

WIDE GRIP SEATED ROW
CLOSE GRIP SEATED ROW
ROMANIAN DEADLIFT
BENT OVER BARBELL ROW
ONE ARM DUMBBELL ROW

WIDE GRIP LAT PULL DOWN
CLOSE GRIP LAT PULL DOWN
WIDE GRIP STANDING CABLE HIGH ROW
PULL UP
ARM PULL DOWN

SHRUG

CHAPTER

04

등 운동

와이드 그립 시티드 로우
WIDE GRIP SEATED ROW

≫ 와이드 그립 시티드 로우는 등 운동 중에 대표적인 수평운동이다. 수평운동이란 상체를 기준으로 중력이나 장력이 수평으로 작용하는 운동을 말한다. 양옆으로 부채처럼 이완되고 수축되어야 효과가 좋은 광배근 특성상 수평운동인 와이드 그립 시티드 로우는 등 중앙 쪽으로 자극이 많이 들어가는 운동이다. 다만 그립을 좁게 설정하는 클로즈 그립 시티드 로우에 비해 광배근 바깥쪽도 개입된다. 많은 사람들이 시티드 로우로 광배근 하부를 개입시킬 수 있다고 생각하는데 이는 사실과 다르다. 광배근 하부의 개입을 위해서는 상완이 몸 앞쪽이 아닌 위쪽으로 움직이는 수직운동을 해야 한다.

1 와이드 그립 시티드 로우는 플랫 벤치 바벨 프레스와 움직임이 동일하다. 그래서 그립의 높이와 너비를 바벨 프레스와 동일하게 설정해야 한다. 따라서 안장 높이 조절이 중요하다. 안장을 자신의 키에 맞게 조절하여 상완의 움직임이 벤치 프레스와 동일하게 만들어 준다. 발판에 올린 발은 안정적이어야 상체 힘을 제대로 쓸 수 있다. 그립을 잡고 윗가슴을 들면 등에 자연적으로 힘이 들어간다.

 TIP

하체는 항상 힙 힌지를 잡아 놓아야 하는데 발판 위쪽을 디디면 햄스트링의 유연성이 떨어질수록 허리가 말려서 힙 힌지를 제대로 잡아 놓을 수 없다. 그러므로 햄스트링의 유연성이 떨어진다면 상대적으로 발판 아래쪽을 디디는 것이 좋다.

 CAUTION

플랫 벤치 바벨 프레스처럼 상완과 상체가 T자가 되게 만들어야 등 중앙을 타깃으로 운동할 수 있다.

 TIP

등에만 신경 쓰기보다는 오히려 가슴에
집중하는 것이 더 효율적이다. 가슴 운동과
마찬가지로 가슴이 다 벌어지면 등은 당연히
접히기 때문이다.

 CAUTION

팔과 어깨로 당기는 것에만 신경 쓰다 보면
등에 집중하지 못하는 경우가 많다. 당기는
것보다는 가슴을 가운데부터 벌리면서
앞으로 튀어 나가는 느낌을 가져야 등은
개입하지 못하고 팔만 사용하는 현상을 피할
수 있다.

2 윗가슴을 들고 가슴 가운데를 벌려서 앞으로 튀어
나가는 느낌을 가진다. 상완이나 팔꿈치 그리고
그립이 마치 벤치 프레스를 하듯이 동일하게 움직인다.

3 윗가슴을 들어 놓으면 어깨관절이 잡히고 팔꿈치를 완전하게 펼 수 없다. 그러므로 윗가슴을 들어 놓기만 해도 등에 텐션을 유지할 수 있다.

양선수의 핵심 노트

가슴 운동 중에 플랫 운동인 플랫 벤치 바벨 프레스, 플랫 벤치 덤벨 프레스, 플랫 체스트 프레스 머신과 같은 운동을 잘하면 와이드 그립 시티드 로우는 자연스럽게 된다. 그래서 가슴 운동과 등 운동의 관계에 대해서 개념을 정리하는 것이 특히 중요하다.

클로즈 그립 시티드 로우
CLOSE GRIP SEATED ROW

≫≫ 클로즈 그립 시티드 로우는 와이드 그립 시티드 로우에서 그립의 간격을 좁게 설정하는 것을 제외하면 나머지는 동일하다. 마찬가지로 상체를 기준으로 중력이나 장력이 수평으로 작용하는 등 운동이다. 와이드 그립 시티드 로우는 등 중앙 쪽의 개입이 크고 광배근 바깥쪽의 개입이 적어지는데, 클로즈 그립을 설정하면 와이드 그립보다 광배근 바깥쪽의 개입이 더 적어진다. 결론적으로 클로즈 그립 시티드 로우는 등 중에서도 중앙을 공략하는 운동이다.

 TIP

물론 광배근 바깥쪽도 개입은 하지만 근육 모양의 특성상 개입이 적기 때문에 오로지 등 중앙에만 집중하는 것이 자극을 느끼기에 좋다.

1 클로즈 그립으로 설정할 경우에는 그립의 간격이 와이드 그립에 비해 좁기 때문에 상완이 몸쪽으로 가까이 붙고 무게가 작용하는 방향과 전완이 일직선상에 위치해야 한다. 따라서 안장 높이를 자신의 키에 맞게 조절해야 한다. 그립을 잡은 상태에서 윗가슴을 들어 놓으면 등에 힘이 들어가는 걸 느낄 수 있다.

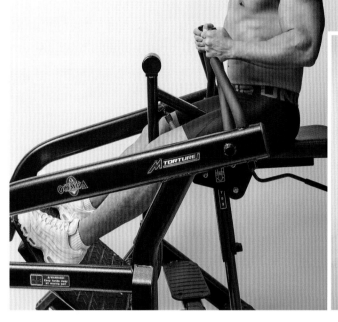

TIP

윗배를 제대로 벌리면 팔꿈치가 빠지는
방향이 자연스럽게 설정된다. 그 상태를
기억하고 고정해야 한다.

CAUTION

절대로 팔꿈치를 인위적으로 몸에
붙이거나 억지로 벌리려고 해서는 안 된다.

2 와이드 그립에 비해 상대적으로 상완이 몸쪽에 붙고 전완의 위치 또한 아래로
내려가 있다. 따라서 와이드 그립에서는 가슴 중앙을 벌리고 튀어 나가는 느낌을
잡았다면, 클로즈 그립에서는 윗배를 사방으로 벌리면서 앞으로 튀어 나가는 느낌을
가진다.

CAUTION

몸을 뒤로 눕힐수록 등 최상부, 즉 승모근
최상부 운동이 될 수 있기에 몸을 수직으로
세워 놓아야 한다.

 TIP

그립은 그대로 있고 윗가슴을 들고 뒤로
빠지는 느낌을 찾는다.

 CAUTION

들어 놓은 윗가슴이 풀리면 어깨관절이
앞쪽으로 빠지며 많이 늘릴 수는 있다.
그러나 등에 텐션이 빠지기 때문에 등
근육에 긴장을 유지하고 이완할 수 없게
된다.

3 윗가슴을 들어 놓으면 어깨관절을 고정할 수 있고
팔꿈치는 완전히 펼 수 없다. 항상 윗가슴을 든
상태를 유지할 수 있는 지점까지 이완한다.

양선수의 핵심 노트

물론 등 바깥쪽도 어느 정도 개입이 되지만 클로즈 그립의 경우에는 등 중앙에만 집중하면서 진행하는 것이 훨씬 효
과적이다.

루마니안 데드리프트
ROMANIAN DEADLIFT

>>> 루마니안 데드리프트는 몸 뒤편, 즉 후면사슬 운동이다. 루마니안 데드리프트를 정확하게 특정 부위만의 운동이라고 정의하기는 어렵다. 그 이유는 후면사슬의 그 어느 부위도 완벽하게 수축과 이완이 되지 않기 때문이다. 상완이 몸에서 멀어졌다가 가까워지는 등 운동의 원리에 의해서 등이 개입을 하고, 숙인 상태에서 버티는 동작을 허리로 하기 때문에 허리가 개입을 하고, 숙일 때 둔근과 햄스트링, 종아리가 늘어나므로 둔근과 햄스트링, 종아리가 개입을 한다. 하지만 그 어느 부위도 완벽하게 중량에 의해 이완되거나 수축되지는 않는다.

1 바벨을 무릎 너비보다 약간 넓게 잡고 바르게 선다. 윗가슴을 들어서 팔 사이에 넣어주는 느낌을 잡으면 등이 수축된다.

 TIP

어깨를 일부러 뒤로 젖혀서 등을 강제로 접으려 하지 말고 윗가슴을 들어주면 등에 수축이 자연스럽게 일어난다.

 CAUTION

몸을 너무 뒤로 젖히면 허리가 과하게 꺾이고 부상 위험이 있을 수 있으므로 바르게 선 상태에서 윗가슴만 들어준다.

 TIP

바의 위치를 인위적으로 조정하는 게
아니라 바가 수직운동을 할 때 바가 몸에
걸리지 않게 몸을 뒤로 빼주면 바가 몸에
가깝게 붙어서 자연스럽게 이동한다.

CAUTION

상체를 숙이는 운동을 할 때 가동 범위를
설정하는 가장 중요한 요소는 햄스트링의
유연성이다. 햄스트링이 찢어질 듯이 전부
늘어났다면 그 지점에서 가동 범위를
멈추어야 한다. 햄스트링은 절대 강제로
늘릴 수 없기에 가동 범위를 넘어서
움직이려고 하면 무릎이 앞으로 나가거나
허리가 말리게 된다.

2 처음 시작할 때 바는 몸에 붙어 있는데 상체를 숙이면
바가 수직 방향으로 움직인다. 이때 바의 움직임에 방해가
되지 않게 몸을 뒤로 빼주면 종아리가 수직 방향보다 앞으로
나가지 않는다. 둔근이 완전히 늘어나고 햄스트링의 가동
범위를 모두 사용했다면 멈추고 등에 중량이 들어가 있는
느낌을 가진다.

3 윗가슴을 들면서 올라가는 느낌을 가지고 윗가슴을 들어서 상체를 팔 사이에 모두 넣으면 수축 가동 범위를 멈춘다.

 TIP

뒤로 빠진 엉덩이를 집어넣으면서 일어나는 느낌이나 목을 뒤로 꺾어서 올라가는 느낌보다는 윗가슴만 들어서 올라가는 느낌이 가장 좋다.

 **CAUTION**

상체를 세울 때 수직 또는 수직보다 뒤쪽까지 세우면 후면사슬에서 중량이 빠져서 쉬는 동작이 나오거나 허리에 부상을 초래할 수 있다. 따라서 윗가슴을 들어서 상체가 수직에 미치기 전에 윗가슴을 먼저 들고 팔 사이에 넣어서 수축 지점을 정한다.

양선수의 핵심 노트

루마니안 데드리프트는 후면사슬을 전부 사용하는 운동이지만 후면사슬 중 그 어느 부위도 완벽하게 사용하지는 못한다. 다만 허리와 둔근의 개입이 가장 크기 때문에 그곳에 더 집중해주는 것이 좋다.

벤트 오버 바벨 로우
BENT OVER BARBELL ROW

>>> 벤트 오버 바벨 로우는 와이드 그립 시티드 로우를 서서 허리를 숙이고 진행하는 운동이다. 따라서 등 운동 중에서도 수평운동이고 대부분의 자극이 등 중앙에서도 가장 가운데로 집중된다. 광배근 바깥쪽의 경우 개입은 되지만 광배근 본연의 근육 결대로 늘어나지는 않기 때문에 와이드 그립으로 진행하는 수직운동에 비해 개입이 적다. 그리고 햄스트링 유연성 부족으로 루마니안 데드리프트의 가동 범위가 제대로 나오지 않는 사람들이 이 운동을 하면 등 중앙보다는 승모근 최상부 운동이 된다. 상체를 숙인 상태에서 바닥과 수평이 될수록 등 중앙 운동이 되고, 상체를 세울수록 승모근 최상부 운동이 된다.

1 바르게 서서 벤치 프레스와 같은 그립 간격으로 바를 잡는다. 윗가슴을 들어 놓고 유지한다.

 TIP

윗가슴을 시작 전부터 들어 놓아야 등 근육에 텐션을 집어넣고 운동을 시작할 수 있다.

2 윗가슴을 든 상태를 유지하면서 상체를 숙인다. 이때 목의 중립이 굉장히 중요한데 상체가 향하는 방향과 일치시킨다. 바는 수직운동을 하는데 종아리가 앞으로 나가지 않게 고정하여 무릎이 바에 걸리지 않게 한다. 등과 허리를 중립에 두고 햄스트링이 완전히 늘어나는 지점까지 숙인다.

 TIP

등과 허리의 중립을 지키기 위해서는 윗가슴을 들고 가슴부터 갈빗대 아랫배까지 벌려놓은 것을 유지하면 된다.

 **CAUTION**

종아리가 수직보다 앞으로 나가면 둔근과 햄스트링의 힘으로 버티지 못하고 대퇴사두로 버티게 된다. 그러면 바가 움직이는 길에 무릎이 걸려서 바가 자연스럽게 움직일 수 없다.

 **CAUTION**

목의 중립을 지키지 못하면 동작 중에 목 부상 위험이 있으니 각별히 주의해야 한다.

 TIP

가슴을 바닥 쪽으로 벌릴 때 상체를 세우면
승모근 최상부가 중력이 작용하는 반대
방향으로 향하게 되므로 벤트 오버 바벨
로우 본래 목적인 등 중앙보다는 승모근
최상부 운동이 될 수 있다. 그러므로 상체를
바닥과 수평으로 유지해야 한다.

 CAUTION

그립 간격을 너무 좁게 잡으면 가슴
가운데를 넓게 벌릴 수 없으므로 벤치
프레스 그립과 동일한 간격으로 설정한다.

3 가슴 가운데를 벌려서 바닥 쪽으로 튀어 나가는 느낌을 잡는다. 가슴이 전부
벌어졌다면 등은 완전히 수축한 것이므로 가동 범위를 멈춘다.

양선수의 핵심 노트

벤트 오버 바벨 로우의 본래 목표는 등 중앙이다. 그런데 사람들이 중량에 욕심을 많이 내다보면 상체를 너무 세워서
등 중앙보다 승모근 최상부 쪽으로 자극을 가지고 간다. 벤트 오버 바벨 로우는 코어와 하체 힘으로 상체 자세를 잡기
때문에 코어와 하체가 버틸 수 있는 무게를 설정해야 벤트 오버 바벨 로우 본래의 목적대로 운동할 수 있다.

원 암 덤벨 로우
ONE ARM DUMBBELL ROW

≫ 원 암 덤벨 로우는 벤트 오버 바벨 로우를 한쪽 등씩 진행하는 운동이다. 따라서 등 중앙 운동이다. 다만 벤트 오버 바벨 로우는 햄스트링의 유연성이 부족하면 상체 중립을 유지하면서 숙이는 동작이 힘들지만, 원 암 덤벨 로우는 햄스트링의 유연성과 관계가 없다. 한쪽 등을 고정시키기 때문에 등의 운동 가동 범위를 더 늘려도 부상 위험은 낮다.

 TIP

몸을 지탱하고 무게를 다룰 때 중심이 되는 곳은 운동하고자 하는 쪽의 다리와 반대편 상체이다.

 CAUTION

운동하는 쪽의 등보다 균형을 잡고 지탱하는 쪽의 고정이 흔들리면 운동 자체가 제대로 수행될 수 없으므로 시작 전에 제대로 포지션을 잡는 것이 중요하다.

1 고정시키는 등 쪽의 팔과 다리를 벤치에 올린다. 고정시키는 쪽의 윗가슴을 들어 놓아야 어깨관절을 보호할 수 있고 등을 제대로 고정시킬 수 있다. 팔과 몸과 대퇴를 'ㄷ'자가 되게 만들어서 등이 완벽히 하늘 쪽을 향하도록 설정한다. 운동하는 등 쪽의 다리로 바닥을 단단하게 지지하여 무게를 안정적으로 다룰 준비를 한다. 반대쪽 윗가슴도 들어서 어깨관절을 고정시키고 등에 텐션이 유지되도록 한다.

TIP

덤벨 로우의 경우 바벨 로우와는 다르게 가슴 가운데를 벌린다는 느낌보다는 윗배를 벌리면서 내민다는 느낌을 가진다. 그러면 덤벨이 몸쪽에 가깝게 붙어서 움직이게 된다.

CAUTION

윗배를 벌리는 느낌을 잡지 못하고 팔만 사용하면 등을 제대로 접지 못하기 때문에 팔과 어깨만 사용하게 된다.

2 가슴 가운데를 바닥 쪽으로 튀어 나가게 내밀면서 벌린다고 생각하면 덤벨이 몸쪽으로 붙으면서 등에 수축이 들어가게 된다.

TIP

덤벨을 바닥 쪽으로 보내려고 하기보다는
접어놓은 팔꿈치가 바닥 쪽으로 향하면서
등이 늘어나는 느낌을 가져야 등에 완벽한
이완을 가져갈 수 있다.

CAUTION

무턱대고 덤벨을 바닥 쪽으로 많이 보내는
것에 신경 쓰면 어깨관절 고정도 안 되고
등에 텐션도 유지할 수 없다.

3 양쪽 가슴은 들어 놓은 상태를 유지하며 등을 중립으로
설정하고, 운동하는 쪽 등은 윗가슴이 들린 상태를 유지할 수
있는 지점까지만 늘려준다.

양선수의 핵심 노트

원 암 덤벨 로우는 벤트 오버 바벨 로우에 비해 이완 효과가 더 뛰어나다. 다만 수축 효과 면에서는 반대편 등도 함께
수축되는 벤트 오버 바벨 로우에 비해 떨어진다.

와이드 그립 랫 풀 다운
WIDE GRIP LAT PULL DOWN

>>> 와이드 그립 랫 풀 다운은 광배근 상부에서 하부까지 근육 본연의 결대로 움직이게 해주는 쉽게 말해서 역삼각형 등을 만들어주는 대표적인 운동이다. 이 운동은 상완이 몸 앞쪽이 아니라 위로 움직이는 수직운동이다. 와이드 그립 랫 풀 다운은 풀업과 같은 운동이라고 생각하면 된다. 그런데 보통 풀업은 닫힌 사슬 운동이고 랫 풀 다운은 열린 사슬 운동이라며 다른 관점으로 접근하는데, 그러면 두 운동의 원리를 제대로 이해할 수 없다. 풀업을 할 때 윗가슴을 벌리고 올라가는 느낌을 잡는다면 랫 풀 다운 또한 마찬가지이다. 다만 랫 풀 다운은 중량이 자신의 몸보다 가볍고 패드에 몸을 고정하기 때문에 바가 내려온다는 차이점이 있다.

 TIP

발을 수직보다 뒤쪽으로 빼야 몸이 뒤쪽으로 눕지 않고 몸을 들어서 올라가는 풀업과 같은 형태의 자세를 취할 수 있다.

 CAUTION

시작부터 윗가슴을 들어 놓지 않으면 단순한 스트레칭이 되기 때문에 등에 텐션을 유지할 수 없다.

1 안장에 앉아서 케이블과 정수리와 고관절이 일직선상에 오게 하고 공중에 매달리듯 바를 잡는다. 윗가슴을 들어서 팔꿈치가 완전하게 펴질 수 없게 만들고 등에 텐션을 넣는다. 발은 수직보다 뒤쪽으로 빼서 위치를 잡는다.

TIP

발의 위치를 수직보다 뒤쪽으로 설정하면 몸이 뒤로 누워서 바벨 로우나 시티드 로우처럼 수평운동이 되는 것을 막아준다.

CAUTION

윗가슴을 전부 벌렸다면 수축을 멈추어야 하는데 수축에 과도한 욕심을 부리면 팔꿈치가 뒤쪽으로 빠져서 광배근에 자극이 빠지게 된다.

2 바는 공중에 그대로 있고 윗가슴을 벌려서 올라가는 느낌을 가진다. 윗가슴을 들어서 완전히 벌렸으면 수축 지점을 끝낸다.

TIP

그립을 잡고 있는 손이 아니라 팔꿈치가
몸에서 멀어지는 느낌을 가져야 한다.

CAUTION

광배근 하부부터 늘어나는 느낌을 제대로
잡지 못하면 연결되어 있는 광배근의
특성상 상부도 제대로 이완시킬 수 없다.

3 윗가슴을 든 상태를 유지할 수 있는 최대 지점까지 늘려준다.
이때 팔이 먼저 위로 들리는 것이 아니고 팔꿈치를 펴지
않으려고 노력하면서 광배근 하부, 즉 허리부터 늘어나기 시작해야
한다. 수직운동은 항상 광배근 하부가 강하게 개입되는 운동이다.

양선수의 핵심 노트

랫 풀 다운은 광배근 상부부터 하부까지 가장 강하게 자극할 수 있는 대표적인 수직운동이다. 클로즈 그립에 비해 광
배근이 양옆으로 부채처럼 벌어지기 때문에 상부운동으로는 가장 좋은 운동이다. 풀업의 경우 어시스트 풀업 머신이
나 밴드가 없으면 여성이나 근력이 약한 사람은 아예 못하게 되는데, 그러한 단점을 완벽하게 보완하는 운동이 랫 풀
다운이다.

 수직운동

클로즈 그립 랫 풀 다운
CLOSE GRIP LAT PULL DOWN

>>> 클로즈 그립 랫 풀 다운은 광배근 상부부터 하부까지 늘어나는 와이드 그립 랫 풀 다운과 원리는 동일하다. 다만 와이드 그립 랫 풀 다운에 비해 광배근 상부 바깥쪽의 개입이 적다. 광배근 상부는 부채처럼 바깥쪽으로 벌어지고 안쪽으로 줄어들어야 개입이 크기 때문이다. 따라서 클로즈 그립 랫 풀 다운은 광배근 상부가 개입은 하지만 차라리 광배근 하부에만 집중하는 것이 훨씬 효과적이다. 그리고 와이드 그립과 마찬가지로 윗가슴을 벌리고 올라가는 풀업과 같은 느낌을 가진다.

 TIP

무릎 위에 있는 패드는 다루는 중량이 자신의 체중보다 무거운 경우 몸이 뜨지 않게 하는 용도로만 사용한다.

 CAUTION

양손의 간격이 좁을수록 45도 정도의 언더 그립이나 오버 그립을 잡아야 손목관절이 편안하다. 그립을 절대 수평으로 설정하지 않는다.

1 안장에 앉아서 케이블과 정수리와 고관절이 일직선상에 오게 하고 공중에 매달리듯 바를 잡는다. 윗가슴을 들어서 팔꿈치가 완전하게 펴질 수 없게 만들면 등에 텐션이 자연스럽게 들어간다. 발은 수직보다 뒤쪽으로 빼서 위치를 잡는다.

 TIP

클로즈 그립의 경우 윗가슴을 들어서 팔 사이에 넣어준다고 생각하면 자극을 높일 수 있다.

 CAUTION

윗가슴을 벌리면 팔꿈치가 자연스럽게 벌어지는 방향이 설정된다. 만약 팔꿈치가 움직이는 방향을 일부러 조정하려고 하면 윗가슴을 제대로 벌릴 수 없다.

2 윗가슴을 들어서 바 쪽으로 올라가는 느낌을 가진다.
윗가슴이 다 벌어졌다면 가동 범위를 멈춘다.

TIP

항상 팔을 먼저 펴는 게 아니라 팔꿈치는 접혀 있는 상태에서 허리부터 늘어나는 느낌을 가져야만 광배근 하부에 집중할 수 있다.

CAUTION

클로즈 그립의 경우 와이드 그립에 비해 팔꿈치가 덜 펴지게 된다. 팔꿈치가 와이드 그립보다 더 펴질 경우 등에 텐션이 빠질 가능성이 높다.

3 윗가슴을 들어 놓고 유지할 수 있는 상태에서 최대한 등을 이완하게 되면 등에 텐션이 들어간 상태로 이완된다.

양선수의 핵심 노트

모든 것이 와이드 그립 랫 풀 다운과 동일하지만 광배근 상부 근육 모양 때문에 대부분의 자극이 광배근 하부에 들어가게 된다. 광배근 하부만 본다면 두 군데보다는 한 군데에만 집중하면 되므로 훨씬 효과적이다. 결론은 광배근 상부의 개입도 있으나 하부에만 신경 쓰고 진행하는 것이 좋다.

와이드 그립 스탠딩 케이블 하이 로우
WIDE GRIP STANDING CABLE HIGH ROW

》》》 와이드 그립 스탠딩 케이블 하이 로우는 풀업이나 랫 풀 다운과 완전히 동일한 운동이다. 그립 간격을 넓게 설정해서 광배근 바깥쪽은 물론 광배근 하부까지 자극을 준다. 스탠딩 상태에서 하므로 엉덩이가 패드에 붙어 있지 않아 엉덩이를 뒤쪽으로 빼서 광배근 하부의 이완을 높일 수 있다.

TIP

케이블이 아래쪽에 위치할수록 상체를 많이 숙여야 한다. 따라서 케이블 위치를 높일수록 풀업과 같은 자세를 취하기 용이하다.

CAUTION

상체 각도와 케이블 진행 방향을 일치시키지 않고 상체를 더 세울 경우 광배근 바깥쪽보다는 등 중앙으로 자극이 많이 들어갈 수 있다.

1 케이블을 몸보다 위쪽에 위치시키고 그립을 잡는다. 상체 각도를 케이블 진행 방향과 일직선상에 놓일 수 있도록 설정한다. 엉덩이는 뒤쪽으로 살짝 빼주고, 윗가슴을 들어서 등에 텐션을 유지한 상태로 어깨관절을 보호한다. 이 자세는 마치 풀업바에 매달려 있는 상태라고 보면 된다.

2 케이블이 움직이는 방향을 확인하고 윗가슴을 벌리면서 그쪽으로 올라가는 느낌을 가진다. 이때 뒤로 빠져있던 엉덩이는 다시 제자리로 들어오면서 하부까지 수축되고, 윗가슴을 들어서 올라가는 느낌을 잡기 때문에 이완할 때의 상체 각도보다 상체가 상대적으로 세워진다.

 TIP

팔로 당기는 느낌이 아니고 바와 팔은 그대로 있고 윗가슴을 벌리고 몸이 올라가는 느낌을 가진다.

 CAUTION

하체 포지션을 그 자리에 두고 상체만 움직일 경우 광배근 하부까지 자극을 제대로 넣을 수 없으므로 수축할 때 엉덩이가 다시 살짝 앞쪽으로 움직이는 느낌을 가져야 한다.

3 바를 잡고 있는 팔을 먼저 보내기보다는 엉덩이를 뒤쪽으로 먼저 빼면서 허리부터 늘어나는 느낌을 가진다. 윗가슴을 든 상태를 유지할 수 있는 최대 지점까지 이완하게 되면 광배근 하부부터 상부까지 완전히 늘어나는 느낌이 온다.

 TIP

광배근 하부를 집중적으로 사용하기 위해서는 엉덩이를 잘 써야 한다. 스탠딩 운동의 경우 엉덩이 밑에 패드가 없어서 엉덩이 사용에 집중해서 뒤쪽으로 빼주는 느낌을 잘 살려야 한다.

 **CAUTION**

윗가슴을 들어 놓지 않으면 어깨관절을 잡아 놓을 수 없고 등에 텐션도 유지할 수 없는 스트레칭이 돼버릴 수 있다.

양선수의 핵심 노트

사실 와이드 그립 스탠딩 케이블 하이 로우의 경우 풀업에 대한 이해만 있고 랫 풀 다운이 가능하다면 자연스럽게 습득되는 운동이다. 엉덩이의 움직임을 잘 사용해야 광배근 하부에 강한 자극을 느낄 수 있는 대표적인 운동이다.

수직운동

풀업
PULL UP

>>> 풀업은 광배근 상부부터 하부까지 근육 본연의 결대로 움직이도록 광배근 바깥쪽 상부부터 하부까지 자극을 주는 수직운동이다. 와이드 그립 랫 풀 다운과 같은 운동이라고 생각하면 된다. 등 운동 중에 상완이 몸 위쪽으로 움직이는, 즉 광배근 바깥쪽부터 하부까지 자극하는 수직운동 중 가장 대표적인 운동이다. 그립을 손으로 잡고 윗가슴을 벌리면서 올라가는 느낌을 팔이 아니라 등을 이용해서 수행하는 등 운동 본래 느낌에 충실한 운동이다.

 TIP

힙 힌지를 잡아 놓기 위해서 무릎을 접고 수행하면 윗가슴을 들어서 벌리는 동작을 취하기 좋다.

 CAUTION

윗가슴을 들어 놓지 않으면 어깨관절이 빠지고 등에 텐션이 빠져서 스트레칭 효과만 나타난다.

1 바를 잡고 매달린 상태에서 윗가슴을 들어 놓고 어깨관절을 잡고 등에 텐션을 유지해 놓는다. 시선은 운동 중에 항상 상체가 향하고 있는 방향으로 설정한다.

 TIP

윗가슴을 벌리고 올라가는 동작 중에
고개를 들어서 위를 보는 게 아니라 가슴이
향하고 있는 방향과 일치되게 설정해야
목 쪽에 가는 부담을 줄일 수 있다.

 CAUTION

윗가슴을 사용하지 않고 팔만 사용할 경우
등은 개입되지 않고 팔과 어깨만 사용하게
된다.

2 윗가슴을 하늘 쪽으로 벌리면서 올라가는 느낌을 가지고 윗가슴을 완전히
벌렸으면 수축 범위를 멈춘다.

 TIP

팔꿈치를 펴서 내려오는 느낌보다는
윗가슴을 들어 놓은 상태에서 허리 하부, 즉
엉덩이가 밑으로 떨어지는 느낌을 가져야
광배근 하부부터 완벽하게 이완시킬 수
있다.

 CAUTION

팔만 펴서 내려오는 느낌을 가지면 등보다
팔이나 어깨를 먼저 사용하게 된다.

3 윗가슴을 든 상태를 유지한 채로 허리 아래부터 아래쪽으로 떨어지는 느낌을
가지면 광배근 하부에서부터 늘어나는 느낌을 가질 수 있다. 그렇게 하면
팔꿈치를 완전히 펼 수 없는 상태에서 이완이 완성된다.

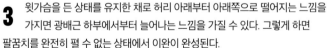 **양선수의 핵심 노트**

등 운동 종류와 기구가 지금처럼 많아지기 전에는 풀업이 광배근을 효과적으로 자극해줄 수 있는 가장 좋은 운동이
었다. 다만 기초 근력이 부족해 자신의 체중을 완벽하게 컨트롤하기 어려운 사람의 경우 수행이 힘들 수 있는데, 이때
는 밴드나 어시스트 풀업 머신을 사용하길 추천한다.

암 풀 다운
ARM PULL DOWN

>>> 암 풀 다운은 스탠딩 케이블 하이 로우와 동일한 광배근 바깥쪽 상부부터 하부까지의 운동이다. 두 운동의 팔 사용이 달라 보이기 때문에 다른 운동이라고 착각하기 쉬운데, 상체 운동을 할 때는 팔꿈치의 굽힘이나 전완의 움직임이 아닌 상완의 움직임에 집중해야 운동을 제대로 파악할 수 있다. 스탠딩 케이블 하이 로우는 케이블의 움직임에 맞춰 팔꿈치가 구부러지는 운동인데 반해 암 풀 다운은 팔꿈치가 절대 움직이지 않게 고정해야 하는 운동이라는 차이점이 있다.

1 케이블을 몸보다 위쪽에 위치시키고 그립을 잡는다. 그 상태에서 윗가슴을 들고 상체를 중립에 두고 엉덩이는 뒤로 살짝 빼준다. 그립의 너비는 골반 너비보다 조금 넓게 설정하는 것이 좋다.

 TIP

상완이 몸보다 위쪽으로 들리기 때문에 케이블을 몸보다 높은 곳에 위치시키는 것이 좋다.

 **CAUTION**

운동 중에 절대로 팔꿈치가 움직이지 않게 단단하게 고정하지 않으면 와이드 그립 스탠딩 케이블 하이 로우와의 차이점이 없어진다.

팔에 집중하는 게 아니라 윗가슴을 들어서
팔 사이에 넣어주는 느낌을 가져야 등의
사용을 쉽게 할 수 있다.

수축 동작에서 팔꿈치를 펴서 누르는 느낌을
가지면 등에 자극을 제대로 느낄 수 없기에
주의한다.

2 윗가슴을 들어서 팔 사이에 완벽하게 넣어주는 느낌을 가지면 뒤로 빠져있던
엉덩이가 살짝 앞으로 들어오면서 광배근 상부부터 하부까지 수축이 일어난다.

3 윗가슴을 든 상태를 유지할 수 있는 지점까지 팔꿈치를 단단하게 고정하고 상완을 몸에서 멀리 떨어뜨린다. 이때 광배근 하부부터 사용하기 위해 엉덩이를 뒤쪽으로 빼서 허리 아랫부분을 늘려준다.

 TIP

등 운동 중에서도 특히 암 풀 다운의 경우 윗가슴을 들어 놓지 않으면 승모근이 위로 들리고 등에 텐션을 유지할 수 없으므로 윗가슴을 들어 놓는 것이 핵심이다.

 **CAUTION**

이완 동작에서 팔꿈치가 굽으면 등을 늘리기도 전에 등 이완 가동 범위가 끝나 버릴 수 있으니 주의한다.

양선수의 핵심 노트

암 풀 다운은 등 운동 중에서도 난이도가 상당히 높다. 그 이유는 팔꿈치를 완벽하게 고정시키는 것이 매우 어렵기 때문이다. 그래서 암 풀 다운의 핵심은 팔꿈치 관절의 완벽한 고정에 있다고 할 수 있다.

승모근

슈러그
SHRUG

>>> 슈러그는 등 근육 최상부인 승모근을 타깃으로 하는 운동이다. 많은 사람들이 알고 있는 것과는 달리 승모근 최상부는 위쪽으로 솟지 않고 뒤쪽으로 커지는데, 쉽게 이해하자면 슈러그는 등 두께를 키우는 데 도움이 되는 운동이다. 그리고 슈러그를 많이 하면 어깨와의 분리도를 시각적으로 높일 수 있어서 상대적으로 어깨가 넓어 보이는 효과를 준다.

1 덤벨을 잡고 바르게 선 상태에서 윗가슴을 들어 놓고 상체 각도를 수직보다 살짝 앞쪽으로 기울인다.

 TIP

상체를 완전히 수직으로 세우기보다는 아랫가슴이 바닥을 향하는 각도를 설정해야 승모근을 제대로 타깃으로 할 수 있다.

 CAUTION

상체를 너무 많이 세우면 중력이 수직으로 작용하는 프리 웨이트의 특성상 승모근이 수직으로 작용하기 때문에 목 쪽에 무리가 많이 갈 수 있다.

2 아랫가슴을 바닥 쪽으로 벌린다고 생각하고 가슴을 벌리면 목 뒤쪽으로 승모근이 서로 가까워지는 느낌을 갖는다. 아랫가슴을 다 벌렸으면 가동 범위를 멈춘다.

 TIP

덤벨을 많이 드는 것에 신경 쓰기보다는 가슴 하부를 바닥 쪽으로 벌리는 것에 포인트를 둔다.

 CAUTION

수축할 때 상체 각도가 너무 낮아지면 최상부보다는 등 중앙 쪽으로 자극이 들어가고, 너무 많이 세우면 목 쪽에 통증이 생길 수 있다.

 TIP

덤벨이 대각선으로 움직이도록 억지로
조정하지 말고 중력에 의해서 자연스럽게
수직에서 벗어나지 않게 한다.

 CAUTION

윗가슴을 들어 놓지 않고 이완할 경우
가동 범위가 과하게 잡혀 승모근의 이완을
벗어나서 목까지 사용되기에 부상 위험이
있다.

3 윗가슴을 든 상태를 유지할 수 있는 최대 지점까지 승모근을 아래로 늘린다.
덤벨을 바닥 쪽으로 내리기보다는 팔꿈치를 펴지 않으려고 노력하면서 승모근만
다 늘어나면 가동 범위를 멈춘다.

양선수의 핵심 노트

최상부 승모근은 사실 무언가를 들고 있는 것만으로도 하루 종일 일을 하는 가장 강한 근육 중 하나이다. 그래서 슈러
그 이외의 운동에서 치팅을 사용할 때 본능적으로 개입을 하므로 슈러그 외에는 별도로 훈련하는 것은 추천하지 않
는다. 자칫 모든 자극을 최상부 승모근에 빼앗길 수 있기 때문이다. 다만 그렇다 하더라도 어깨의 상대적인 부각을 위
해서는 필수적으로 해주어야 하는 운동이다.

SEATED ROW
LAT PULL DOWN
REAR DELT FLY MACHINE

SIDE LATERAL RAISE
SIDE LATERAL ROW

STEAED DUMBBELL SHOULDER PRESS
SEATED MILITARY BARBELL PRESS
FRONT RAISE

CHAPTER
05

어깨 운동

시티드 로우
SEATED ROW

>>> 시티드 로우는 원래 등 중앙을 메인 타깃으로 하는 운동이다. 하지만 등과 어깨 후면의 연관성을 이해한다면 어깨 후면을 가장 효과적으로 자극해 줄 수 있는 운동이 된다. 등과 어깨 후면은 가슴을 벌리느냐, 벌리지 않느냐로 나뉜다. 등 운동 자세에서 가슴 가운데를 벌려서 등을 수축할 경우 등 중앙 운동이 되고, 가슴을 벌리지 않고 어깨만 젖힐 경우 어깨 후면 운동이 된다. 즉, 등 운동을 잘못하면 잘못할수록 어깨 후면 운동이 된다.

 TIP

가슴을 사용하지 않는 것만 신경 써도 등의 개입을 막을 수 있다.

1 시티드 로우 머신에 앉아서 가슴 가운데를 활짝 벌렸을 때 전완이 위치하는 높이와 동일하게 그립을 설정할 수 있는 높이로 안장을 조절한다. 이때 등 운동과 다른 점은 윗가슴을 들어 놓는 동작을 취하지 않고 어깨를 앞쪽으로 살짝 늘려 놓는다.

CAUTION

가슴을 벌리면서 많이 당기는 것에
집중하면 주동근이 등으로 바뀔 수 있으니
가슴 고정이 중요하다.

2 가슴이 벌어지는 것을 막으면서 팔꿈치만 사용해서 뒤쪽으로
젖히면 어깨 후면이 수축하게 된다.

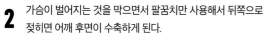

TIP

팔꿈치를 완전히 펴지 않은 상태에서 그립을 잡고 있는 손을 보낸다는 느낌보다는 팔꿈치를 접어 놓은 상태에서 팔꿈치를 보낸다는 느낌을 가진다.

CAUTION

어깨 후면이 모두 늘어났으면 가동 범위를 멈추어야 한다. 그 이상 이완시키면 승모근과 어깨가 위쪽으로 들리게 된다.

3 가슴이 벌어지지 않게 고정해 놓고 승모근과 어깨가 위쪽으로 들리지 않는 지점까지 어깨 후면을 늘려준다.

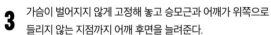
양선수의 핵심 노트

앞서 설명한 것처럼 등 운동과 어깨 후면 운동은 굉장히 유사하다. 결국 가슴 사용 유무가 핵심이라고 할 수 있다. 시티드 로우를 제대로 이해하면 등 중앙 운동과 어깨 후면 운동의 개념에 대해서 정확하게 알 수 있다.

랫 풀 다운
LAT PULL DOWN

>>> 랫 풀 다운은 원래 등 운동으로 광배근 바깥쪽 상부부터 하부까지 자극해주는 것이 목적인 운동이다. 하지만 등과 어깨 후면의 연관성에 대해 이해한다면 어깨 후면을 효과적으로 공략할 수 있다. 등 운동에서 가슴을 벌리지 않고 팔꿈치만 젖히면 어깨 후면 운동이 된다. 따라서 랫 풀 다운을 제대로 수행하지 못하면 어깨 후면만 사용하게 된다.

TIP

일반적인 등 운동인 랫 풀 다운에 비해 살짝 뒤쪽으로 몸을 눕혀야 어깨 후면을 제대로 공략할 수 있다.

CAUTION

가슴을 고정하지 못하고 벌릴 경우 등 운동이 될 수 있으니 가슴 고정에 집중한다.

1 랫 풀 다운 머신에 앉아서 바를 잡고 어깨를 위쪽으로 늘려 놓는다.

TIP

팔꿈치를 내리는 동작에서 가슴 고정에 신경
쓰면 어깨 후면만 공략하기가 수월해진다.

CAUTION

윗가슴을 고정하지 못하면 벌리는 즉시 어깨
후면보다는 등 운동으로 바뀐다.

2 랫 풀 다운을 등 운동으로 할 때는 윗가슴을 벌려서
등에 자극을 주지만, 어깨 후면을 공략할 때는
가슴을 고정하고 팔꿈치만 아래쪽으로 젖혀야 한다.

TIP

팔꿈치를 완전히 펴지 않은 상태에서
그립을 잡고 있는 손을 보낸다는
느낌보다는 팔꿈치를 접어 놓은 상태에서
팔꿈치를 보낸다는 느낌을 가진다.

CAUTION

어깨 후면이 모두 늘어났으면 가동 범위를
멈추어야 한다. 그 이상 이완시키면
승모근과 어깨가 위쪽으로 들려서 목에
텐션이 들어간다.

3 상체를 뒤로 살짝 눕힌 상태에서 어깨 후면이 완전히 늘어나도록
한다.

양선수의 핵심 노트

시티드 로우와 마찬가지로 랫 풀 다운 역시 동작 중에 가슴 고정 유무에 따라 등 운동이 되는지, 어깨 운동이 되는지
를 경험할 수 있는 좋은 예이다. 윗가슴을 벌려서 올라가는 느낌을 가지면 등 운동이 되고, 윗가슴을 고정하면 어깨
후면만 사용하게 되는 어깨 운동이 된다.

리어 델트 플라이 머신
REAR DELT FLY MACHINE

>>> 리어 델트 플라이 머신은 대표적인 어깨 후면 운동이다. 동작 중에 가장 중요한 점은 팔꿈치 관절의 고정이다. 중량을 들고 있는 손이 몸에서 다소 멀기 때문에 고중량을 사용하면 팔꿈치 관절을 제대로 고정할 수 없게 된다.

 TIP

그립을 잡고 있는 손보다 상완을 사용하는 느낌을 가져야 어깨 후면에 자극을 제대로 느낄 수 있다.

 CAUTION

안장 높이가 너무 낮으면 어깨와 승모근이 위로 들리고, 너무 높으면 어깨 후면의 수축감을 제대로 느낄 수 없게 된다.

1 플라이 머신에 반대로 앉아서 그립을 설정하고 앉는다. 패드를 어깨와 팔로 감싸 안듯이 앉아서 어깨 후면을 늘려준다. 안장의 높이는 그립의 높이에 따라서 달라지는데 그립이 어깨보다 살짝 아래에 위치하는 높이로 안장을 조절한다.

 TIP

팔꿈치를 단단히 고정하고 그립을 잡고 있는
손보다 상완을 젖히는 느낌을 가져야 어깨
후면을 주동근으로 사용할 수 있다.

 CAUTION

가슴을 고정하여 움직이지 않게 해야
하는데 가동 범위에 과욕을 부려 가슴을
벌리면 자극이 어깨 후면보다는 등 쪽으로
많이 가게 된다.

2 가슴을 고정하고 어깨 후면을 뒤쪽으로 젖힐 수
있는 지점에서 가동 범위를 멈춘다.

 TIP

이완할 때 팔꿈치를 제대로 고정해 놓아야 어깨 후면을 완벽하게 이완시킬 수 있다.

 CAUTION

이완할 때 팔꿈치가 굽으면 어깨 후면을 제대로 이완시키기도 전에 가동 범위가 끝날 수 있으니 팔꿈치가 굽지 않도록 주의한다.

3 어깨 후면이 완전히 늘어나도록 패드를 가슴과 어깨로 안아주는 느낌으로 상체를 설정하고, 어깨 후면이 다 늘어났으면 가동 범위를 멈춘다.

양선수의 핵심 노트

모든 후면 운동이 마찬가지인데 동작 중에 가동 범위에 욕심을 많이 내면 필연적으로 가슴이 벌어지게 된다. 따라서 어깨 후면의 완전한 수축과 이완에만 집중해야 어깨 후면 운동을 완벽하게 수행할 수 있다.

어깨 측면

사이드 래터럴 레이즈
SIDE LATERAL RAISE

>>> 사이드 래터럴 레이즈는 어깨 측면을 메인 타깃으로 하는 운동이다. 많은 사람들이 어깨 운동 중에서도 어깨 후면 운동을 어려워하는데, 사실 난이도가 가장 높은 운동은 어깨 측면 운동이고 그 중에서도 레이즈 운동이 가장 어렵다. 그 이유는 손으로 덤벨을 잡고 동작을 할 때 팔꿈치를 완벽하게 고정하는 것이 매우 어렵기 때문이다.

1 덤벨을 잡고 바르게 선다. 덤벨을 잡고 팔을 편하게 늘어뜨리면 팔꿈치가 완전히 펴지지 않은 상태를 취하게 된다. 그 상태에서 팔꿈치가 움직이지 않게 고정하고 목이나 승모근이 움츠러들지 않게 만들어 놓고 고정한다. 상체 각도는 바르게 선 상태에서 체중을 앞으로 살짝 실어주는 느낌을 가진다. 그러면 덤벨은 몸 옆쪽이 아니라 살짝 대각선 앞쪽에 위치하게 된다.

 TIP

목을 길게 빼는 느낌을 가지면 승모근과 목에 들어가는 자극을 피할 수 있다.

 CAUTION

우리 몸은 수직으로 서면 어깨 측면을 중력이 작용하는 반대 방향으로 정확하게 향할 수 없다. 따라서 상체를 살짝 앞으로 기울여주는 것이 좋다.

2 손목과 팔꿈치를 단단하게 고정하고 상완을 들어서 어깨 측면을 수축시킨다. 승모근과 목까지 사용하는 게 아니라 측면만 완벽하게 수축되면 가동 범위를 멈춘다.

 TIP

손을 사용하지 않고 상완에만 집중하면 수축할 때 어깨보다 팔꿈치가 아래에 있고 팔꿈치보다 손이 아래에 위치하는 삼각형 모양을 이루게 된다.

 CAUTION

상완을 드는 동작보다 덤벨을 높게 드는 것에 신경 쓰면 어깨 측면에 집중할 수 없게 된다. 따라서 팔꿈치와 손목은 움직이지 않게 고정하고 상완을 들어서 수축시키는 동작에만 집중한다.

3 덤벨을 내릴 때 덤벨을 잡고 있는 손이나 전완이 아니라 상완을 사용하는 느낌을 가져야 한다. 상완을 아래로 내리면서 어깨 측면이 옆으로 빠져서 양쪽 어깨가 옆으로 튀어 나가면서 늘어나는 느낌을 가진다.

 TIP

상체를 앞으로 살짝 기울여서 덤벨이 몸 옆쪽이 아닌 몸 앞쪽 대각선쯤에 위치하게 만든다. 그래야 어깨 측면을 중력이 작용하는 반대 방향으로 정확히 향하게 할 수 있다.

 CAUTION

덤벨을 사용해서 이완 범위를 너무 크게 잡으면 오히려 중량이 어깨 측면에서 빠질 수 있으므로 덤벨이 몸에 붙기 전에 가동 범위를 멈춘다.

양선수의 핵심 노트

사이드 래터럴 레이즈는 앞서 얘기한 것처럼 원래 움직임이 가능한 관절인 팔꿈치와 손목을 완벽하게 고정하는 것이 핵심이다. 만약 완벽하게 고정하지 못하면 운동을 제대로 수행할 수 없으므로 항상 상완의 움직임에 집중하는 것이 핵심이다.

사이드 래터럴 로우
SIDE LATERAL ROW

>>> 사이드 래터럴 로우는 사이드 래터럴 레이즈에서 변형된 어깨 측면 운동이다. 사이드 래터럴 레이즈는 팔꿈치를 완벽하게 고정하는 반면 사이드 래터럴 로우는 팔꿈치를 자연스럽게 굽히면서 수행하게 된다. 레이즈에 비해 중량이 몸과 가깝기 때문에 상대적으로 고중량으로 수행이 가능하다.

1 덤벨을 잡고 바르게 선다. 덤벨을 잡고 팔을 편하게 늘어뜨리면 팔꿈치가 완전히 펴지지 않은 상태를 취하게 된다. 그 상태에서 팔꿈치가 움직이지 않게 고정하고 목이나 승모근이 움츠러들지 않게 만들어 놓고 고정한다. 상체 각도는 바르게 선 상태에서 체중을 앞으로 살짝 실어주는 느낌을 가진다. 그러면 덤벨은 몸 옆쪽이 아니라 살짝 대각선 앞쪽에 위치하게 된다.

 TIP

목을 길게 빼는 느낌을 가지면 승모근과 목에 들어가는 자극을 피할 수 있다.

 CAUTION

우리 몸은 수직으로 서면 어깨 측면을 중력이 작용하는 반대 방향으로 정확하게 향할 수 없다. 따라서 상체를 살짝 앞으로 기울여주는 것이 좋다.

2 상완을 들어서 어깨 측면이 수축하면 팔꿈치는 자연스럽게 굽어지면서 덤벨을 잡고 있는 주먹이 정면을 향하게 된다. 승모근과 목을 늘어뜨린 것을 유지할 수 있는 지점까지 수축을 진행한다.

 TIP

상완을 사용해서 덤벨을 들 때 팔꿈치 관절에 단단하게 힘을 주고 90도 이하로 굽혀야 레이즈 형식의 운동과 완벽하게 분리하여 로우 운동을 할 수 있다.

 CAUTION

어깨 측면을 수축할 때 팔꿈치 관절 모양 때문에 어쩔 수 없이 팔꿈치가 몸 앞에서 굽어진다. 이런 경우 중량이 실린 지점과 운동이 되는 지점이 달라지기 때문에 팔꿈치에 힘을 빼면 부상 위험이 있다.

3 덤벨을 내릴 때 어깨 측면이 늘어나는 것을 느끼면서 내리면 굽어 있던 팔꿈치가 자연스럽게 펴지게 된다. 상완을 아래로 내리면서 어깨 측면이 옆으로 빠져서 양쪽 어깨가 옆으로 튀어 나가면서 늘어나는 느낌을 가진다.

 TIP

상체를 앞으로 살짝 기울여서 덤벨이 몸 옆쪽이 아닌 몸 앞쪽 대각선쯤에 위치하게 만든다. 그래야 어깨 측면을 중력이 작용하는 반대 방향으로 정확히 향하게 할 수 있다.

 CAUTION

덤벨을 사용해서 이완 범위를 너무 크게 잡으면 오히려 중량이 어깨 측면에서 빠질 수 있으므로 덤벨이 몸에 붙기 전에 가동 범위를 멈춘다.

양선수의 핵심 노트

사이드 래터럴 로우는 이론상 원래 움직임이 가능한 팔꿈치를 사용하기 때문에 효율적이고 쉽다고 볼 수 있다. 하지만 중량을 들고 있는 지점과 운동이 되는 지점이 달라지기 때문에 팔꿈치 고정을 잘못하면 자칫 부상의 위험이 있다. 따라서 사이드 래터럴 로우의 경우 팔꿈치 고정이 무엇보다 중요하다.

시티드 덤벨 숄더 프레스
STEAED DUMBBELL SHOULDER PRESS

>>> 시티드 덤벨 숄더 프레스는 가장 대표적인 어깨 전면 운동이다. 프레스로 어깨 운동을 진행할 때 팔꿈치가 안쪽으로 모일수록 어깨 전면만 고립시켜 수행할 수 있다.

 TIP

윗가슴을 들어 놓으면 어깨를 하늘 쪽으로 향하기가 수월해진다.

 **CAUTION**

벤치 각도를 너무 높거나 낮게 잡으면 어깨 전면을 하늘 쪽으로 정확하게 향하게 할 수 없기 때문에 본인에게 맞는 벤치 각도를 설정해야 한다.

1 벤치에 편안하게 앉아서 가슴을 들고 덤벨을 들었을 때 어깨 전면이 정확히 하늘 쪽을 향하는 벤치 각도를 설정한다. 덤벨과 팔꿈치는 사람마다 차이는 있지만 어깨너비보다 조금 넓게 설정한다.

2 목을 길게 뺀 상태를 유지할 수 있는 최대한의 지점까지 덤벨을 밀어준다.

 TIP

덤벨이나 팔꿈치가 멀어지지 않도록 해야 어깨 전면의 고립을 극대화할 수 있다.

 **CAUTION**

가동 범위에 욕심을 내어 상완이 머리에 붙을 정도로 밀게 되면 어깨 전면보다 승모근에 자극이 많이 들어가고 자칫 목 통증까지 유발할 수 있다.

3 전완의 모양을 무게가 작용하는 방향으로 수직으로 설정하고 어깨 전면이 다 벌어질 때까지 덤벨을 내린다.

 TIP

어깨 전면이 완전히 늘어났으면 가슴에는 신경 쓰지 말고 가동 범위를 멈춘다.

 **CAUTION**

어깨 전면이 완전히 늘어났으면 가동 범위를 멈추어야 한다. 가동 범위에 욕심을 내면 그때부터는 어깨 전면 운동이 아닌 가슴 운동으로 바뀐다.

양선수의 핵심 노트

시티드 덤벨 숄더 프레스에서 가장 중요한 것은 덤벨과 팔꿈치의 간격이다. 이 간격이 멀어질수록 어깨 전면만 고립시켜 운동하기가 어려워진다. 물론 어깨 측면의 참여율을 높이는 것도 나쁘진 않지만 측면 운동은 측면 운동대로 별도로 하고, 시티드 덤벨 숄더 프레스는 전면을 고립시키고 수행해야 훨씬 효과적이다.

시티드 밀리터리 바벨 프레스
SEATED MILITARY BARBELL PRESS

>>> 시티드 밀리터리 바벨 프레스는 시티드 덤벨 숄더 프레스와 함께 대표적인 어깨 전면 운동이다. 우리 몸은 신체 구조상 상완의 모양과 손의 모양을 본능적으로 일치시키는데, 밀리터리 바벨 프레스는 스트레이트 바를 사용하기 때문에 손의 모양을 바꿀 수 없다. 그래서 덤벨 프레스 동작에 비해 팔꿈치 간격이 다소 벌어져서 진행되므로 어깨 전면 고립도는 약간 떨어진다.

 TIP

윗가슴을 들어 놓으면 어깨를 하늘 쪽으로 향하기가 수월해진다.

CAUTION

스트레이트 바를 잡으면 손이 수평으로 고정되기 때문에 이에 따라 팔꿈치가 과도하게 벌어지지 않게 해야 어깨 전면에 집중할 수 있다.

1 가슴을 편안하게 들고 앉아서 팔을 들었을 때 어깨 전면이 하늘 쪽을 바라볼 수 있도록 벤치 각도를 설정한다. 그립 간격은 어깨 전면을 완전히 이완했을 때 전완이 수직이나 수직보다 살짝 안쪽으로 들어올 수 있는 간격으로 설정한다.

2 목을 길게 뺀 상태를 유지하고 승모근을 아래로 눌러 놓은 상태로 어깨 전면만 사용해서 최대한 밀어준다.

 TIP

엄지손가락 쪽이 아니라 손날, 즉 척골에 중량을 실어서 밀어줘야 한다.

 CAUTION

가동 범위에 욕심을 내고 팔꿈치를 완전히 펴고 머리를 앞으로 밀어 넣는 동작을 취하면 승모근과 목 쪽에 자극이 들어가서 어깨 전면의 사용이 힘들어진다.

3 가슴은 어깨 전면이 하늘 쪽을 향하게 하는 용도로만 이용해서 들어 놓고, 어깨 전면이 완전히 늘어났으면 가동 범위를 멈춘다.

 TIP

운동하는 내내 전완이 수직으로 유지되어야 어깨 전면에 집중할 수 있다.

 CAUTION

이완 범위에 욕심을 내면 가슴만 과도하게 사용하거나 팔꿈치가 수직을 유지하지 못하고 뒤쪽으로 빠지게 되므로 어깨 전면만 이완되도록 해야 한다.

양선수의 핵심 노트

바벨 프레스 동작의 핵심은 상완 고정이다. 바가 머리 앞쪽에서 움직이므로 상완도 머리 옆쪽이 아닌 살짝 앞쪽에서 움직이게 되는데, 상완을 스트레이트 바를 잡고 있는 손에 맞추려는 신체 특성 때문에 상완을 몸 앞쪽으로 고정하지 못하면 팔꿈치가 뒤쪽으로 빠지게 된다. 그러므로 바벨 프레스의 핵심은 상완이 뒤로 빠지지 않게 고정하는 것이다.

프론트 레이즈
FRONT RAISE

≫ 프론트 레이즈는 어깨 전면 운동이다. 어깨 전면 운동은 프레스와 레이즈로 나뉘는데, 어깨 근육은 프레스와 레이즈 모두 동일하게 움직인다. 다만 프레스는 무게가 작용할 때 자연스럽게 팔꿈치가 굽는 반면 레이즈는 팔꿈치를 완벽하게 고정해야 한다. 그러므로 프레스에 비해 레이즈는 몸에서 무게가 멀어지기 때문에 저중량을 들 수밖에 없다.

1 덤벨을 잡고 바르게 서서 상체를 앞으로 살짝 기울여준다. 목을 길게 늘어뜨려 승모근의 개입을 배제하고 목에 자극이 들어가는 것을 막아준다.

 TIP

승모근은 중량을 들고 있는 것만으로도 긴장이 과하게 들어간다. 따라서 승모근에 직접 힘을 줘서 아래로 늘려 놓기보다는 목이 움츠러지지 않게 해서 승모근이 수축하는 것을 막아야 한다.

 CAUTION

상체를 너무 세우거나 뒤쪽으로 눕힐 경우 어깨 전면을 이완할 때 조금만 내려도 어깨 전면에 텐션이 빠지게 된다. 따라서 상체를 앞쪽으로 살짝 기울여 주는 것이 좋다.

2 상완을 앞쪽으로 드는데, 승모근이 들리거나 목이 움츠러들지 않는 지점까지만 들어준다.

덤벨을 드는 것에만 집중하지 말고 손목부터 팔꿈치까지는 단단하게 고정되어 있으므로 상완을 드는 것에 집중한다.

가동 범위에 욕심을 부리면 어깨 전면의 가동 범위를 넘어서 승모근이 수축하게 된다. 따라서 어깨 전면이 모두 수축됐으면 가동 범위를 멈춘다.

3 가슴이 움직이지 않게 고정하고 팔꿈치와 손목을 단단히 고정하고 상완을 내리는 동작에 집중한다. 어깨 전면이 완전히 늘어났다면 가동 범위를 멈춘다.

팔이 몸에 붙을 정도로 과하게 내리지 않아야 어깨 전면에 텐션이 빠지는 것을 막을 수 있다.

덤벨을 내리는 것에만 집중하면 어깨 전면보다는 팔만 사용하게 될 수 있다. 따라서 팔꿈치와 손목은 단단하게 고정하고 상완을 사용하는 것에 집중한다.

양선수의 핵심 노트

프론트 프레스와 레이즈의 차이에 대해서 이해를 해야 한다. 프레스의 경우 팔꿈치를 자연스럽게 굽혀주는 운동이기 때문에 레이즈에 비해 중량을 많이 들 수 있고 운동 자세가 쉽다. 반면에 레이즈의 경우 팔꿈치를 완벽하게 고정하는 것이 어렵기 때문에 팔꿈치의 움직임을 제한하지 못하면 어깨 전면에 자극을 제대로 가져갈 수 없다.

BARBELL CURL
TWO ARM DUMBBELL CURL
ONE ARM CABLE CURL
CONCENTRATION CURL
INCLINE BENCH TWO ARM DUMBBELL CURL
PREACHER CURL
CABLE BICEPS CURL
21REPS
HAMMER CURL

CABLE EXTENSION
LYING TRICEPS EXTENSION
CABLE PUSH DOWN
CLOSE GRIP BENCH PRESS
OVERHEAD DEMBBELL ONE ARM EXTENSION
ONE ARM CABLE EXTENSION
BENCH DIPS

CHAPTER

06

팔 운동

바벨 컬
BARBELL CURL

» 바벨 컬은 스트레이트 바를 사용하여 상완이두를 공략하는 대표적인 운동이다. 손바닥이 전체적으로 하늘 쪽을 향하기 때문에 상완 안쪽부터 바깥쪽까지 고르게 자극을 넣어줄 수 있는 운동이다. 상완이두근 최상단에 자극을 주려면 상완이두가 몸 앞쪽으로 들리는 동작을 취해야 하는데, 바벨 컬은 상완이 몸통 옆에 고정되어 있기 때문에 주로 상완이두근 하단부에 자극이 들어가는 운동이다.

 TIP

우리 몸은 가슴을 벌리면 벌릴수록 어깨를 벌리기가 수월해지고, 그렇게 해야 손바닥이 정면을 향해야 하는 바벨 컬의 특성상 손목이나 팔꿈치에 무리 없이 운동을 수행할 수 있다.

 **CAUTION**

그립 간격을 본인의 몸에 맞게 정해야 하는데 너무 넓거나 좁게 설정하면 손목과 팔꿈치에 부상 위험이 있다.

1 스트레이트 바를 잡고 가슴을 들어서 가운데를 벌리면 등이 완전히 접히게 된다. 그립 간격은 양팔을 자연스럽게 늘어뜨렸을 때의 모양 그대로 설정한다.

TIP

상완이 앞쪽으로 나가지 않기 때문에 어깨 전면과 붙어있는 상완이두근 최상단보다는 하단부에 자극을 느끼는 것이 좋다.

2 가슴을 벌려놓은 상태에서 상완을 이용해서 바벨을 들어 수축한다. 이때 팔꿈치가 앞쪽으로 나가지 않게 고정한다.

CAUTION

상완을 몸 앞쪽으로 내밀면 이론상 상완이두근 최상단에 큰 자극이 들어갈 수 있다. 하지만 그렇게 하면 가슴과 어깨를 벌려놓은 자세가 풀리게 된다. 따라서 팔꿈치를 앞으로 내밀지 말아야 한다.

TIP

상완이두근 상단을 공략하기 위해서는 상완이 몸 앞쪽으로 들려야 하는데, 상완을 몸 옆쪽에 고정하고 수행하기 때문에 상완이두근 하단부에 집중하는 것이 좋다.

CAUTION

상완이두근을 이완하는 동작에서 가슴을 벌린 상태를 유지해야 한다. 유지하지 못하면 팔이 내회전하기 때문에 팔꿈치와 손목 관절에 부상이 생길 수 있다.

3 가슴을 벌려서 등이 접힌 상태로 상완이두근 이완에 집중하면서 팔꿈치가 완전히 펴지기 직전에 가동 범위를 멈춘다.

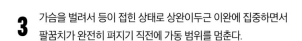
양선수의 핵심 노트

스트레이트 바를 이용한 바벨 컬은 앞서 말한 것처럼 상완이두를 전체적으로 자극해 줄 수 있는 좋은 운동이지만, 가슴 확장을 제대로 못하고 진행할 경우 팔꿈치와 손목에 치명적인 부상을 불러올 수 있다. 운동하는 내내 가슴을 제대로 벌려놓고 자신의 신체 모양에 맞는 그립 간격을 설정하는 것이 핵심이라고 할 수 있다.

투 암 덤벨 컬

≫ 투 암 덤벨 컬은 관절에 편안함을 느끼면서 수행할 수 있는 가장 대표적인 상완이두근 운동이다. 상완이두근 안쪽과 바깥쪽을 골고루 자극해 줄 수 있고, 최하단부터 최상단까지 자극이 들어가게 된다.

1 덤벨을 잡고 편하게 서 있는 상태에서 가슴을 과도하게 벌리지 않고 수행해야 한다. 바벨 컬과는 달리 덤벨 컬의 경우 손바닥이 정면을 향하지 않아도 되므로 가슴 또한 벌리지 않아도 무방하다.

 TIP

어깨를 옆쪽으로 빼서 라인업을 잡는 자세를 취하면 운동 중에 승모근이나 어깨가 들리는 현상을 막을 수 있다.

 CAUTION

덤벨을 정면으로 들지 않고 편하게 몸 안쪽으로 들어도 손바닥이 하늘 쪽을 정확히 향하게 만들 수 있다. 따라서 손바닥이 정면을 향하게 하여 가슴을 과하게 벌리고 어깨 또한 벌어지게 할 필요 없이 손바닥이 몸 안쪽을 향하게 잡는다.

153

 TIP

수축 동작에서 새끼손가락이 위쪽을 향하게
틀어주면 상완이두근 안쪽을 더 강하게
수축할 수 있다.

 CAUTION

덤벨을 들 때 팔꿈치가 뒤쪽으로 빠지면
상완이두근 최상단에는 자극이 적게
들어가고 최하단에만 자극이 많이 들어가게
된다.

2 손바닥이 정확하게 하늘 쪽을 향하게 만들고 덤벨을 몸 안쪽으로 들어 올린다.
이때 팔꿈치를 몸 안쪽으로 들어주면 어깨 전면에 수축이 일어나면서 상완이두근
최상단까지 수축이 들어가게 된다.

3 덤벨이 정면으로부터 수직으로 내려가는 게 아니라 손바닥이 바닥과 수평을 이루면서 몸 옆쪽으로 내려서 상완이두를 늘려준다.

 TIP

이완 동작에서 팔꿈치가 몸보다 뒤로 빠지지 않게 해야 이두를 완전히 이완할 수 있다.

 **CAUTION**

팔꿈치가 완전히 펴질 때까지 과하게 펴게 되면 상완이두근에 텐션이 빠질 수 있다. 따라서 상완이두근 최하단까지 늘어나면 가동 범위를 멈춘다.

양선수의 핵심 노트

바벨 컬과는 달리 양손이 함께 고정되어 움직이지 않아도 되므로 자신의 몸에 맞게 조절해서 수행하면서 관절의 편안함 또한 느낄 수 있다. 바벨 컬의 경우 상완이두근 안쪽부터 바깥쪽까지 골고루 자극하기 위해서는 손바닥이 정면을 향해야 하므로 가슴과 어깨를 많이 벌려놓아야 하는데, 덤벨 컬의 경우 그러한 수고를 덜어준다.

>>> 원 암 케이블 컬은 케이블을 이용해서 상완이두를 한쪽씩 운동하는 종목이다. 원 암 운동의 장점은 집중력을 높여주고 양쪽의 불균형을 해소해줄 수 있다는 점이다. 그리고 프리 웨이트와는 달리 운동하는 내내 장력이 작용하므로 운동하는 동안 상완이두근에 텐션이 빠지지 않게 할 수 있다.

1 케이블 끝에 그립을 끼워 잡고 정면으로 서지 않고 그립이 몸 바로 앞쪽으로 오게 설정한다. 운동 중 어깨나 승모근이 들리지 않게 상체를 고정한다.

TIP

케이블이 몸 정면으로 오게 설정하면 가슴과 어깨를 과도하게 벌리고 수행해야 한다. 따라서 케이블에 대각선으로 서서 케이블을 몸 안쪽에 가두어 두고 수행해야 한다.

CAUTION

케이블이 몸 정면으로 움직이도록 자세를 잡으면 가슴과 어깨를 활짝 열어둔 상태를 유지해야 한다. 그렇지 못할 경우 손목과 팔꿈치가 비틀어진 상태에서 동작을 진행하게 되므로 정면으로 서지 않는다.

156

TIP

상완이두근 최상단까지 자극을 주기
위해서는 팔꿈치를 살짝 내밀어 어깨
전면에 수축이 들어갈 수 있도록 해야 한다.

2 상완이두근이 완전히 수축될 때까지
들어 올린다.

CAUTION

수축할 때 팔꿈치가 살짝 들릴 수 있는데,
승모근이나 어깨가 같이 위로 들리면
팔꿈치를 접어서 상완이두를 자극하는 본래
느낌을 제대로 잡을 수 없다. 따라서 어깨와
승모근이 위로 들리지 않게 고정해야 한다.

 TIP

상완이두를 이완하는 동작에서 팔꿈치를
고정해야 상완이두근에 텐션을 유지한
상태로 이완할 수 있다.

 **CAUTION**

팔꿈치가 완전히 펴지도록 과하게
이완시키면 상완이두근에 텐션이 빠지게
되므로 주의해야 한다.

3 상완이두근 하단부가 완전히 늘어나는 지점까지
이완시키고 멈춘다.

양선수의 핵심 노트

케이블을 이용한 운동의 최대 장점은 운동하는 내내 팔꿈치만 완전히 펴지 않는다면 텐션이 빠지지 않는다는 점이
다. 투 암 운동은 양팔 중에 근력이 강한 팔을 주로 사용할 수 있으므로 불균형의 위험이 있는 반면, 원 암 운동은 양
쪽 운동의 자세만 완전히 지키기만 하면 불균형을 해소할 수 있다.

컨센트레이션 컬
CONCENTRATION CURL

≫ 컨센트레이션 컬은 이름 그대로 한쪽 상완이두근에 집중해주는 대표적인 고립 운동이다. 무릎으로 팔꿈치의 반동을 제어하기 때문에 치팅을 이용할 수 없다. 따라서 상대적으로 중량은 낮아지지만 집중도를 높여서 할 수 있는 운동이다.

 TIP

운동 중에 수행하지 않는 팔로 수행하는 상완이두근을 만져서 텐션이 빠지지 않게 확인하는 방식을 추천한다.

 CAUTION

허벅지 안쪽에 팔꿈치를 대면 덤벨이 정면이 아닌 대각선으로 움직이게 되는데, 이때 어깨나 가슴을 벌리게 되면 관절에 무리가 갈 수 있다. 따라서 어깨와 가슴이 말려있는 것을 고정해야 한다.

1 벤치에 앉아 어깨너비보다 조금 넓게 다리를 벌린다. 덤벨을 잡고 팔꿈치 바로 뒤쪽을 허벅지 안쪽에 붙여서 고정한다. 어깨와 가슴은 살짝 말려있는 것이 좋다.

 TIP

어깨 전면이 살짝 수축되면 상완이두근
최상단까지 자극을 넣을 수 있다. 따라서
수축 동작에서 다리로 팔꿈치를 살짝
안쪽으로 밀어주면 도움이 된다.

 **CAUTION**

덤벨을 드는 것에만 신경 쓰면 어깨나
승모근이 위로 들리게 된다. 따라서
팔꿈치를 접어서 상완이두근을 수축하는 데
집중해야 한다.

2 다리로 팔이 움직이지 않게 고정하고 덤벨을 들어서 상완이두근에 강한 수축감을
갖는다.

 TIP

상완이두를 이완할 때 다리로 팔꿈치가 움직이지 않게 고정하는 것에 신경 써야 제대로 된 이완 범위를 찾을 수 있다.

 **CAUTION**

다리로 상완을 고정하지 못하고 다리가 벌어지면 상완이두근의 최대 이완 범위를 제대로 찾을 수 없다.

3 다리로 팔이 움직이지 않게 고정하고 덤벨을 바닥 쪽으로 내리는 느낌을 가진다.

양선수의 핵심 노트

컨센트레이션 컬은 다리로 팔꿈치가 흔들리지 않게 완벽하게 고정하는 것이다. 이름 그대로 고립과 집중력을 극대화할 수 있는 운동이다.

인클라인 벤치 투 암 덤벨 컬
INCLINE BENCH TWO ARM DUMBBELL CURL

» 인클라인 벤치 투 암 덤벨 컬은 상완이두근 최하단을 집중적으로 단련하는 운동이다. 상완이 앞으로 들리지 않으므로 상단보다는 하단이 움직이게 된다.

 TIP

인클라인 벤치에 앉는 이유는 몸보다 상완을 뒤쪽으로 늘어뜨려 놓기 위해서이다. 이 점을 기억하고 상완이 움직이지 않게 한다.

 **CAUTION**

벤치 각도를 너무 낮게 하면 어깨 전면이 과하게 늘어나서 무리가 갈 수 있으므로 유연성에 맞게 각도를 조절한다.

1 인클라인 벤치를 대략 70도 정도로 설정하고 앉아서 양손에 덤벨을 잡고 윗가슴을 들어서 활짝 벌려놓는다.

2 덤벨을 들 때
상완이 앞쪽으로
들리지 않게 유지하고,
상완이두근 최하단이
완전히 수축되면 가동
범위를 멈춘다.

 TIP

상완이 앞쪽으로 들리지
않게 하고 진행하기 때문에
상완이두근 최하단에만 신경
쓰면 집중력을 더 높일 수 있다.

 CAUTION

수축 과정에서 상완을
앞쪽으로 내밀게 되면 어깨
전면의 개입이 많아진다.
따라서 덤벨을 들 때 팔꿈치가
앞쪽으로 나가지 않게
고정해야 한다.

3 이완 동작에서
가슴을 더 활짝
벌리면서 상완이두근
하단이 완전히
늘어나면 가동 범위를
멈춘다.

 TIP

덤벨을 아래쪽이 아니라
뒤쪽으로 보내는 느낌을 가지면
상완이 앞쪽으로 들리는 것을
막을 수 있다.

 **CAUTION**

팔꿈치를 완전히 펴게 되면
상완이두에 텐션이 빠질 수
있다. 따라서 상완이두근
최하단만 다 늘어나면 가동
범위를 멈추어야 한다.

양선수의 핵심 노트

인클라인 벤치 투 암 덤벨 컬은 상완이두근 최하단만을 공략하는 운동이다. 그러므로 운동하는 내내 가슴부터 어깨
까지 벌린 상태를 유지하면서 팔꿈치가 앞쪽으로 나가지 않게 유지하는 것이 핵심이다.

163

프리처 컬
PREACHER CURL

》》 프리처 컬은 상완이두근 최상단에 집중할 수 있는 운동이다. 상완이두근 최상단을 공략하기 위해서는 어깨 전면의 수축이 필요한데, 상완을 몸에서 멀어지게 하고 상완이두 운동을 하면 최상단 공략에 용이하다.

 TIP

지렛대의 원리를 이용해야 하기 때문에 겨드랑이 부분에 신경 쓰기보다는 팔꿈치가 운동하는 내내 패드에 붙어있도록 집중한다.

 CAUTION

팔꿈치 안쪽이 정확하게 정면을 바라보지 못하면 안쪽을 바라보게 접히기 때문에 관절에 무리가 갈 수 있다. 따라서 팔꿈치 안쪽이 정면을 향할 수 있게 팔 간격을 잘 조절해야 한다.

1 자신에게 맞는 중량을 설정하고 팔꿈치를 손잡이의 회전축과 동일선상에 위치시키고 패드에 댄다.

2 팔꿈치를 접어서
상완이두를
터뜨린다는 느낌으로
수축시킨다.

 TIP

무게를 들 때 팔꿈치를
이용해서 지렛대처럼 패드를
눌러주면 수축감이 잘
느껴진다.

 CAUTION

수축할 때 승모근이
움츠러들지 않도록 고정시키지
못하면 상완이두근에 자극을
주기보다는 목이나 승모근에
자극이 많이 들어갈 수 있다.

3 몸통을 고정하고
팔꿈치도 패드에
붙여놓은 상태에서
상완이두근을 완전히
늘린다.

 TIP

상완이두근 하단보다는 상단에
집중하는 것이 집중력을 높일
수 있다.

 CAUTION

팔꿈치 아래쪽에 패드가
고정되어 있기 때문에
과도하게 이완하면 팔꿈치
관절로 버티는 현상이 생길
수 있다. 그러므로 상완이두에
텐션이 빠지기 직전까지만
이완한다.

양선수의 핵심 노트

프리처 컬은 메인 타깃 부위가 상완이두근 최상단이고 다른 상완이두근 운동에 비해 이완 범위가 작아 상완이두근
최상단에만 집중하고 수행하는 것이 좋다. 따라서 상완이두근 모양상 최상단 발달이 부족하여 밸런스가 맞지 않는다
면 프리처 컬을 추천한다.

케이블 바이셉스 컬
CABLE BICEPS CURL

≫ 케이블 바이셉스 컬은 스탠딩 상태에서 양손에 케이블을 잡고 수행하는 상완이두근 운동이다. 상완이 위로 들려있는 상태에서 수행하기에 어깨 전면이 수축 상태에서 진행되므로 역시나 상완이두근 최상단을 집중적으로 공략하는 운동이다.

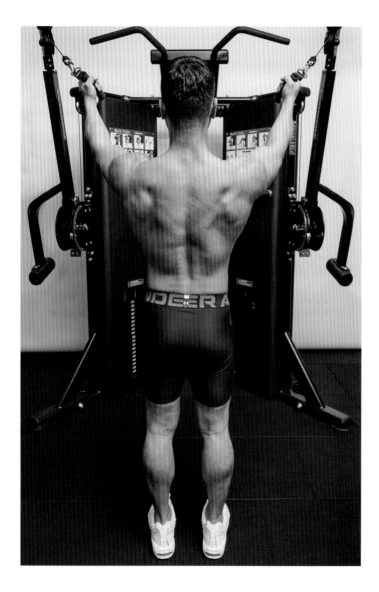

1 케이블을 어깨보다 높은 곳에 위치시키고 양손으로 케이블을 잡는다. 이때 상완이 몸에서 멀어질수록 어깨 전면에 수축이 강하게 들어가게 된다.

TIP

상완이 위쪽으로 들린 상태로 운동하려면 케이블의 높이가 머리와 어깨 사이에 오도록 설정하는 것이 좋다.

CAUTION

케이블을 너무 몸 측면 쪽에 위치시키면 가슴과 어깨를 과도하게 벌려야 한다. 따라서 케이블은 몸 앞 옆쪽에 위치시키는 것이 좋다.

2 어깨를 아래로 누르면서 그립을 잡고 있는 손이 관자놀이 지점으로 향하게 상완이두를 수축시킨다.

 TIP

무게를 잡고 있는 주먹이 머리 쪽으로 오는 느낌을 잡으면 수축감이 더 잘 느껴진다.

 CAUTION

팔꿈치만 사용해서 상완이두를 수축해야 한다. 머리 쪽으로 많이 당기는 것에 신경 쓰면 어깨가 들려서 상완이두로만 운동을 할 수 없게 된다.

3 그립이 몸에서 멀어지게 하면서 상완이두근이 늘어나는 것을 느낀다. 어깨가 위로 들리지 않는 지점에서 가동 범위를 멈춘다.

 TIP

상완이두를 이완할 때 목을 길게 빼놓고 어깨가 들리지 않게 해야 상완이두근만 사용해서 이완할 수 있다.

 CAUTION

이완 범위를 과도하게 잡으면 어깨가 위쪽으로 들려서 목 쪽에 자극이 들어갈 수 있다. 따라서 어깨를 내려놓은 최대 지점까지만 이완한다.

양선수의 핵심 노트

케이블 바이셉스 컬은 상완이두근 수축에 집중해야 하는 운동이다. 상완이 몸에서 많이 멀어져 있기 때문에 중력에 반하며, 중량을 드는 운동에 비해 이완을 많이 할 수 없다. 그러므로 상완에서 텐션이 빠지기 직전까지만 이완하는 것이 핵심이다.

21렙스
21REPS

>>> 21렙스는 한 세트에 최하단 7회, 최상단 7회, 전체 가동 범위 7회 등 총 21회를 수행하여 상완이두를 전체적으로 공략하는 운동이다. 스트레이트 바보다는 이지 바 사용을 추천한다.

 TIP

엄지손가락이 새끼손가락에 비해 위쪽에 위치했는지를 확인해야 가슴이나 어깨를 벌리지 않아도 관절의 편안함을 느낄 수 있다.

 CAUTION

팔꿈치를 일부러 몸에 붙이려고 하면 자연스러운 동작이 나올 수 없다. 따라서 어깨만 움직이거나 들리지 않게 고정하고 팔꿈치의 자연스러운 모양을 잡는다.

1 이지 바를 잡고 바르게 선다. 스트레이트 바를 사용하면 손바닥이 정면을 보게 하기 위해서 가슴과 어깨를 많이 벌려야 하지만, 이지 바는 V자로 잡고 엄지손가락이 살짝 더 위쪽에 위치하기 때문에 가슴과 어깨를 일부러 벌릴 필요가 없고 바르게 서기만 하면 된다.

 TIP

최하단부 수축을 많이 해주려면 수축
동작에서 팔꿈치가 살짝 뒤쪽으로 빠지는
느낌을 갖는다.

2 상완이두를 완전히 늘린 상태에서 전완이 바닥과 수평이 될 때까지를 가동
범위로 설정하여 7회 수행한다. 그러면 상완이두근 최하단을 공략할 수 있다.

 **CAUTION**

수축 과정에서 이지 바를 높이 드는 것에
집중하면 팔꿈치를 앞으로 보내어 들게
되므로 주의한다.

TIP

수축 과정에서 팔꿈치를 살짝 앞으로 내밀게 되면 어깨 전면과 함께 상완이두근 최상단에 자극이 많이 들어가게 된다.

3 상완이두가 바닥과 수평이 되는 지점에서 상완이두가 완전히 수축되는 지점까지를 가동 범위로 설정하여 7회 수행한다. 그러면 상완이두근 최상단을 공략할 수 있다.

CAUTION

팔꿈치를 너무 많이 내밀게 되면 전완이 수직이 되어 상완이두근에 더 이상 텐션이 들어가지 않으므로 주의한다.

170

TIP

이완할 때는 팔꿈치가 몸보다 뒤쪽으로 빠지지 않게 하고, 수축할 때는 몸보다 살짝 앞으로 내밀어 주는 느낌을 가져야 상완이두를 전체적으로 공략하기에 좋다.

4 상완이두의 최대 이완 지점에서 최대 수축 지점까지 7회 수행한다. 그러면 상완이두를 전체적으로 공략할 수 있다.

CAUTION

어깨를 너무 많이 내밀 경우 상완이두 운동보다는 프론트 레이즈처럼 어깨 전면 운동이 될 수 있으므로 주의한다.

양선수의 핵심 노트

21렙스는 한 세트에 상완을 최하단, 최상단, 전체로 나누어 자극해 주는 운동이다. 이는 마치 여러 가지 종목을 묶어서 하는 컴파운드 세트와 같다고 생각하면 된다. 이 운동의 가장 큰 장점은 우리가 일반적으로 하는 운동 외에 새로운 자극으로 근육을 놀라게 해줄 수 있다는 점과 상완이두 운동에 대해 세부적인 지식을 얻을 수 있다는 점이다.

해머 컬
HAMMER CURL

» 해머 컬은 상완이두근 가장 바깥쪽을 공략하는 운동이다. 엄지손가락이 위를 향할수록 상완이두근 바깥쪽을 사용하게 된다. 뿐만 아니라 전완이 일반적인 컬 동작보다 안쪽으로 회전된 상태로 진행되므로 전완근에도 큰 자극을 느낄 수 있다.

 TIP

덤벨을 굳이 정면으로 들지 않아도 되므로 가슴과 어깨를 억지로 펴지 않고 바르게 서면 된다.

 CAUTION

덤벨을 정면으로 들기 위해서는 가슴과 어깨를 과도하게 펴야 하는데 편 상태를 유지하기 힘든 사람의 경우 불편함을 느낄 수 있다. 따라서 덤벨이 살짝 몸 안쪽으로 들리는 동작을 설정한다.

1 덤벨을 들고 바르게 서서 손을 수직으로 만들어 손바닥이 마주 보는 형태를 취한다.

TIP

양손에 들고 있는 덤벨이 닿을 듯이 만나게
해준다는 느낌으로 덤벨을 들게 되면
팔꿈치를 살짝 앞으로 보내는 느낌을
잡기가 쉽다.

2 몸 옆쪽에 위치한 덤벨을 들면서
팔꿈치가 살짝 몸 안쪽으로 모이게
되면 상완이두에 수축이 일어난다. 이때
팔꿈치를 앞으로 살짝 보내주는 이유는
어깨 전면을 개입시켜 상완이두근
최상단까지 자극을 주기 위함이다.

CAUTION

수축 동작에서 팔꿈치가 뒤쪽으로 빠지고
덤벨이 다소 멀어질 경우 상완이두근
최하단에만 자극이 들어갈 수 있으니
주의한다.

TIP

어깨와 가슴을 과도하게 벌려놓은 것이
아니기 때문에 덤벨의 움직임이 몸
앞쪽에서 몸 옆쪽으로 사선으로 움직여야
가장 편하다.

CAUTION

팔꿈치를 고정하고 상완이두를 늘려야
하는데 팔꿈치를 지나치게 고정하고 덤벨을
내리면 팔꿈치가 뒤쪽으로 빠질 수 있다.
그러면 상완이두근을 완전하게 이완시킬 수
없다.

3 몸 앞쪽에 모여 있는 덤벨을 내리면서 상완이두를 늘리면
덤벨이 몸 옆쪽으로 움직이게 된다. 상완과 전완이 모두
늘어났으면 동작을 멈춘다.

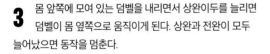
양선수의 핵심 노트

해머 컬은 상완이두근 운동이지만 실질적으로 운동할 때는 전완근에 자극이 많이 들어가는 것을 느낄 것이다. 따라
서 전완근이 개입을 많이 하는 운동이라는 것을 인지하고 수행해야 한다.

케이블 익스텐션
CABLE EXTENSION

≫≫≫ 케이블 익스텐션은 상완삼두를 고립시켜 수행하는 대표적인 운동이다. 중량은 프레스 운동에 비해 떨어지지만 삼두만 사용하기 때문에 매우 효과적인 고립을 줄 수 있다.

TIP

케이블의 위치가 자신의 키보다 높아야 팔꿈치를 구부려서 삼두를 늘릴 때 가동 범위를 확보할 수 있다.

CAUTION

손날에 중량이 실리는 느낌을 갖지 못하면 운동을 하면서 손목의 중립을 잡지 못해 부상 위험이 있다.

1 케이블을 자신의 키보다 높은 곳에 위치시키고 케이블이 움직이는 곳보다 살짝 뒤쪽에 위치한다. 바를 손날에 붙여 잡고 가슴과 어깨가 벌어지지 않게 고정한다. 팔꿈치는 몸에 붙어 있는 것이 아니라 앞으로 내밀어서 고정한다.

2 손날에 중량이 실려 있는 것을 느끼면서 팔꿈치를 구부리면서 삼두를 늘려준다.

 TIP

삼두를 이완시키는 자세에서 팔꿈치까지 앞으로 가지 않게 고정해야 삼두를 충분히 늘릴 수 있다.

 CAUTION

삼두만 모두 늘어나면 가동 범위를 멈추어야 한다. 팔꿈치를 과도하게 접을 경우 중량이 팔꿈치 관절에 실려 부상 위험이 있다.

3 대각선 앞을 향해서 손날을 이용해 밀어준다고 생각하고 삼두가 완전히 수축될 때까지 밀어준다.

 TIP

팔꿈치를 펴는 것이 아니라 손날을 이용해서 밀어주어야 관절에 부담 없이 수축을 제대로 할 수 있다.

 **CAUTION**

대각선 앞으로 밀어줘야 한다. 몸쪽으로 당겨서 오려고 하면 주동근이 삼두가 아니라 등이 된다.

양선수의 핵심 노트

보디빌딩에서 '익스텐션'이라는 명칭의 운동들은 모두 '프레스'라고 생각하고 수행해야 한다. 팔꿈치를 펴는 것이 아니라 항상 밀어주는 프레스 운동이라고 생각하고 진행하면 부상으로부터 해방될 수 있다.

라잉 트라이셉스 익스텐션
LYING TRICEPS EXTENSION

>>> 라잉 트라이셉스 익스텐션은 케이블 익스텐션과 같은 원리로 진행되는 상완삼두근 운동이다. 삼두 운동의 익스텐션은 모두 같은 운동이라고 생각해야 한다. 사용하는 도구와 신체 포지션에서만 차이가 있을 뿐이다.

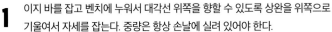

TIP

바가 몸 앞쪽에 오지 않도록 상완이 위쪽 대각선 방향으로 고정되어 있으면 삼두에 무게와 텐션이 빠지지 않는다.

CAUTION

바가 몸 앞쪽에 오고 상완이 수직을 이루면 삼두에 텐션이 빠져서 쉬는 동작이 나오니 주의하자.

1 이지 바를 잡고 벤치에 누워서 대각선 위쪽을 향할 수 있도록 상완을 위쪽으로 기울여서 자세를 잡는다. 중량은 항상 손날에 실려 있어야 한다.

2 바를 머리 위쪽으로 보낸다고 생각하고 팔꿈치를 굽히면서 삼두가 이완되는 것을 느낀다.

 TIP

삼두를 이완시키는 자세에서 목과 승모근이 움츠러들지 않게 고정하면 어깨나 승모근의 개입 없이 삼두만 사용해서 수행할 수 있다.

 CAUTION

삼두가 이완할 때 팔꿈치가 자연스럽게 벌어지게 된다. 이때 벌어지는 것을 억지로 제한하면 팔꿈치 부상을 입을 수 있으니 주의한다.

3 바를 대각선 위쪽으로 밀어준다고 생각하고 손날을 이용해서 최대한 밀어주면 삼두에 수축이 들어간다.

 TIP

바를 밀 때 몸 앞쪽으로 밀어서 상완이 수직이 되면 삼두에 텐션이 빠지게 된다. 항상 대각선 위쪽을 목표로 해서 밀어준다.

 CAUTION

팔꿈치에 집중해서 팔꿈치를 펴는 느낌을 잡으면 팔꿈치 부상의 원인이 된다. 따라서 항상 손날을 이용해서 끝까지 밀어주는 느낌을 가져야 한다.

양선수의 핵심 노트

익스텐션의 핵심은 항상 몸에서 상완을 떨어뜨리고 삼두에 강제로 텐션을 넣어주는 것이다. 몸 안에 가둬두고 진행하는 프레스류의 운동과는 완벽하게 구분해야 한다.

삼두근

케이블 푸시 다운
CABLE PUSH DOWN

>>> 케이블 푸시 다운은 삼두 운동 중에서 가장 대표적이면서 가장 보편화된 운동이다. 그만큼 많은 사람들이 수행하지만 반면에 가장 많은 실수를 하는 운동이기도 하다. 중량이 몸과 가까운 상태에서 움직이므로 몸에서 멀어지는 익스텐션에 비해서 고중량을 다룰 수 있다.

 TIP

어깨와 가슴이 움직이지 않게 고정해야 어깨나 가슴의 개입 없이 삼두만 사용할 수 있다.

CAUTION

손날에 중량이 실리는 느낌을 갖지 못하면 손목의 중립을 잡지 못해서 부상 위험이 있다.

1 케이블을 어깨보다 높은 곳에 위치시키고 케이블에 가깝게 선다. 바를 손날에 붙여 잡고 가슴과 어깨가 벌어지지 않게 고정한다. 팔꿈치가 몸에서 멀어지지 않게 고정한다.

2 손날에 중량이 실려 있는 것을 느끼면서 팔꿈치를 구부리고 삼두를 늘려준다. 팔꿈치는 앞쪽이 아니라 양옆으로 자연스럽게 벌어지게 된다.

 TIP

삼두를 이완시키는 자세는 마치 자전거 펌프로 자전거 바퀴에 공기를 넣는 동작을 상상하면 좋다.

 **CAUTION**

삼두를 늘릴 때 어깨와 가슴이 벌어지게 되면 자극이 어깨로 많이 갈 수 있다. 따라서 어깨와 가슴은 고정하고 삼두만 다 늘어났다면 가동 범위를 멈춘다.

3 몸 아래, 즉 발 앞쪽 바닥을 향해서 손날을 이용하여 밀어준다. 다 밀었다면 수축이 일어난다.

 TIP

손날에 중량을 싣고 주먹의 검지와 중지 뼈로 밀어준다고 상상하면 손목의 중립을 지킬 수 있다.

 **CAUTION**

몸에서 먼 쪽으로 밀어줄 경우 익스텐션과 차이가 없으니 몸 아래쪽으로 밀어주어야 한다.

양선수의 핵심 노트

중량이 몸에 붙어서 움직이므로 체중을 사용해서 운동이 진행된다. 그 과정에서 어깨나 가슴을 벌리는 동작을 취할 수 있으므로 가슴과 어깨를 고정하는 것이 핵심이라고 할 수 있다.

삼두근

클로즈 그립 벤치 프레스
CLOSE GRIP BENCH PRESS

≫≫ 클로즈 그립 벤치 프레스는 가슴 운동인 벤치 프레스에서 어깨와 가슴 사용을 제한하는 삼두 운동이다. 따라서 간혹 벤치 프레스에서 가슴 사용을 잘못할 경우 삼두에만 자극이 들어간다.

TIP

처음부터 가슴과 어깨가 벌어지지 않게 고정해야 시작부터 삼두로만 운동을 수행할 수 있다.

CAUTION

그립 간격은 가슴 운동이 아니기에 어깨너비로 설정해야 삼두만 사용하기에 용이하다.

1 벤치에 누워서 손날에 중량을 싣고 바를 띄워서 몸 위로
가져온다.

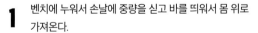

2 가슴과 어깨를 고정하고
바를 내린다. 삼두만
완벽하게 이완되면 가동
범위를 멈춘다.

 TIP

가슴 운동과는 달리 삼두만 늘리게 되면
팔꿈치는 가슴 운동에 비해 몸에 상당히
가깝게 움직이게 된다.

 **CAUTION**

삼두 외에 가슴과 어깨를 사용해서 벌리게
되면 주동근이 어깨나 가슴으로 이동할
수 있다. 따라서 가슴과 어깨의 고정이
중요하다.

3 손날을 이용해서 바를 밀 수 있는 최대 지점까지 밀어 삼두를 수축시킨다.

양선수의 핵심 노트

가슴을 벌리는 것에 집중하면 가슴이 주동근으로 사용되고, 겨드랑이나 어깨를 벌리는 것에 집중하면 어깨 전면이 주동근으로 사용된다. 그러므로 가슴과 어깨를 고정하는 것이 삼두 사용의 핵심이다.

삼두근

오버헤드 덤벨 원 암 익스텐션
OVERHEAD DEMBBELL ONE ARM EXTENSION

≫ 오버헤드 덤벨 원 암 익스텐션은 스탠딩 상태에서 진행할 경우 하체를 이용한 치팅을 이용할 수 있고, 앉아서 진행할 경우 치팅이 제한된다. 원 암으로 진행하므로 해당 부위에 집중해서 자극을 느끼기에 좋은 운동이다.

 TIP

하체 포지션을 안정되게 잡기 위해서는 덤벨을 잡고 있는 다리 쪽에 중심을 두는 것이 도움이 된다.

 CAUTION

유연성에 따라 팔을 들어야 한다. 억지로 머리나 귀 쪽에 붙이려고 하면 승모근과 어깨에 무리가 갈 수 있다.

1 덤벨을 잡고 바르게 선 상태에서 운동을 하지 않는 팔로 몸통을 잡아서 균형을 잡는다. 덤벨을 잡고 있는 팔을 들어서 머리 옆에 위치시킨다.

TIP

팔꿈치가 굽는 방향을 일부러 조정하지
말고 관절이 굽는 방향대로 움직여야
관절의 비틀어짐을 피할 수 있다.

CAUTION

삼두가 완전히 늘어났으면 가동 범위를
멈추어야 한다. 팔꿈치가 완전히 접힐
때까지 내리게 되면 삼두에 텐션이 빠지고
팔꿈치에 중량이 실려 부상의 위험이 있다.

2 덤벨을 잡고 무게를 견디면서 팔꿈치를 자연스럽게 접으면
덤벨이 머리 뒤쪽으로 내려가면서 삼두가 이완된다. 삼두가
완전히 늘어났으면 가동 범위를 멈춘다.

 TIP

절대 팔꿈치를 펴려고 하면 안 된다. 손날로
하늘 쪽을 향해 밀어주는 느낌을 가져야
한다.

CAUTION

팔꿈치를 완전히 펴려고 하면 억지로
상완을 귀 옆에 붙여야만 하므로 어깨나
승모근에 무리가 갈 수 있다. 따라서 하늘
쪽으로 덤벨을 밀어서 팔꿈치가 완전히
펴지기 직전까지를 가동 범위로 설정해야
한다.

3 손날에 중량을 싣고 하늘 쪽으로 밀어주면 팔꿈치가 펴지고
삼두에 수축이 일어난다. 팔꿈치가 완전히 펴지기 전에 가동
범위를 멈춘다.

양선수의 핵심 노트

오버헤드 덤벨 원 암 익스텐션은 보디빌딩 삼두 운동에서 가장 오래된 운동 중 하나이다. 신체적 특성상 완벽하게 수
축하지 않는 운동이고 자신의 몸에 맞게 가동 범위를 조정해야 부상 없이 효과적으로 수행할 수 있다.

원 암 케이블 익스텐션
ONE ARM CABLE EXTENSION

≫≫ 원 암 케이블 익스텐션은 상완삼두 운동으로 한쪽 팔씩 진행하므로 집중력을 높일 수 있다. 그립의 특성상 상완이 회전되는 다른 삼두 운동과는 반대로 상완 회전 없이 안전하게 삼두에 자극을 줄 수 있는 운동이다.

 TIP

운동을 수행하지 않는 팔로 케이블 기구의 기둥을 잡으면 몸을 고정하는 데 도움이 된다.

 **CAUTION**

케이블의 진행 방향과 팔꿈치가 굽는 방향을 일치시키지 않으면 상완을 회전시켜야 하므로 부상의 위험이 있다.

1 케이블을 어깨보다 높은 곳에 위치시키고 케이블이 몸 앞쪽으로 움직일 수 있도록 그립을 잡고 옆으로 선다.

2 상완이 바닥과 수직이 되게 유지한 상태로 팔꿈치가 굽으면 삼두가 이완된다. 삼두가 완전히 늘어났으면 가동 범위를 멈춘다.

 TIP

삼두를 완전히 이완시키는 과정에서 팔꿈치가 뒤로 빠지는 느낌을 가지면 팔꿈치를 고정하는 데 도움이 된다.

 CAUTION

삼두를 이완시키는 과정에서 팔꿈치가 딸려 가면 삼두가 다 이완되기도 전에 가동 범위가 끝날 수 있다.

3 손날을 이용해서 바닥으로 밀어주는 느낌을 가지면 삼두가 수축된다.

 TIP

손날을 이용해서 바닥으로 밀어줄 때 검지와 중지 뼈로 밀어준다고 생각하면 손목의 중립을 지킬 수 있다.

 CAUTION

팔꿈치를 펴는 것에 집중하면 삼두에 제대로 된 수축을 줄 수 없고 부상의 위험이 있다. 따라서 밀어주는 느낌을 유지하는 것이 중요하다.

양선수의 핵심 노트

삼두 운동의 특성상 어쩔 수 없이 상완이 회전되는 다른 삼두 운동과는 달리 상완이 회전되지 않기에 효과적인 운동이다.

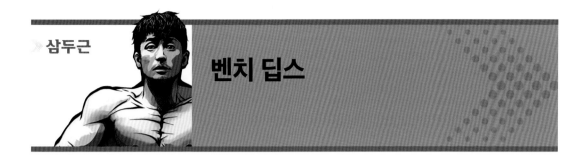

벤치 딥스

》》 벤치 딥스는 체중을 이용해서 진행하는 삼두 운동이며 별다른 도구가 없어도 벤치나 의자만 있으면 할 수 있다. 발을 멀리 뻗을수록 중량이 올라가고 몸과 가까울수록 중량이 내려간다.

 TIP

벤치에 몸을 의지할 때 항상 손날로 중심을 잡아야 손목을 보호할 수 있다.

 CAUTION

몸이 벤치에 스치듯 움직여야 한다. 너무 멀리 떨어질 경우 어깨 부상을 입을 수 있다.

1 벤치를 준비하고 벤치 끝을 어깨너비 정도로 잡고 앉는다. 이때 손날로 벤치를 누르는 느낌을 잡아야 한다.

TIP

어깨와 가슴을 고정할 수 있는 최대 지점을 최대 이완 지점으로 정하면 자세를 지키는 데 도움이 된다.

CAUTION

삼두를 늘릴 때 팔꿈치를 몸통에 억지로 붙이려고 하면 어깨나 손목이 비틀어질 수 있다. 따라서 팔꿈치가 빠지는 위치는 자신의 몸에 맞게 설정한다.

2 손날에 중량이 실려 있는 것을 느끼면서 몸이 벤치와 스치듯 아래로 내려간다.

TIP

수축 가동 범위를 팔꿈치를 펴는 것으로
정하기보다는 손날을 이용해서 끝까지
밀어주는 것으로 정해야 제대로 된 수축을
할 수 있다.

CAUTION

간혹 팔꿈치를 완전히 펴서 꺾이는 경우가
있다. 심각한 부상을 초래할 수 있으므로
조심해야 한다.

3 손날로 밀어주면서 이완할 때와 마찬가지로 몸통이 벤치를
스치듯 일어난다.

양선수의 핵심 노트

벤치 딥스는 상완이 몸보다 뒤쪽으로 빠져서 진행되기 때문에 운동 중 어깨와 가슴을 벌려놓고 고정하는 것이 핵심
이다. 이것이 지켜지지 못하기 때문에 벤치 딥스 중에 어깨 부상이 빈번하게 발생한다.

CHAPTER

07

복근 운동

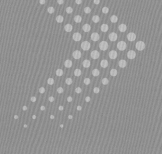

싯업(윗몸 일으키기)
SIT UP

>>> 우리가 흔히 윗몸 일으키기라고 알고 있는 싯업은 보편화된 운동인 만큼 실수도 잦은 운동이다. 많은 사람들이 싯업을 복근이 아닌 허리를 사용하여 수행하는 경우가 많다. 싯업은 올바르게만 하면 최고의 복근 운동이라고 해도 손색이 없을 만큼 좋은 운동이다. 주동근은 상복부이며 보조근으로 하복부가 개입한다.

1 하체가 뜨지 않게 고정을 한 상태에서 수건의 양쪽 끝을 잡고 뒤통수의 가장 편한 곳에 댄다. 상체는 항상 가슴과 어깨가 말려있는 상태를 유지해야 한다.

 TIP

가슴과 어깨가 항상 말려있는 상태를 유지해야 허리가 뒤로 꺾여서 허리 운동이 되는 것을 방지할 수 있다.

 **CAUTION**

개인적으로 수건 사용을 추천한다. 맨손으로 할 경우 자칫 목을 너무 꺾어 부상의 위험이 있다.

194

2 뒤로 내려갈 때 허리가 꺾이기 바로 직전까지를
가동 범위로 설정한다.

 TIP

복근에 힘을 줄 때는 누군가 자신의 배를
주먹으로 때린다고 상상하면 복근에 텐션을
자연스럽게 유지하는 데 도움이 된다.

 CAUTION

허리가 꺾이기 직전까지만 내려가야 하는데
더 내려갈 경우 그때부터는 주동근이
복근에서 허리로 바뀐다.

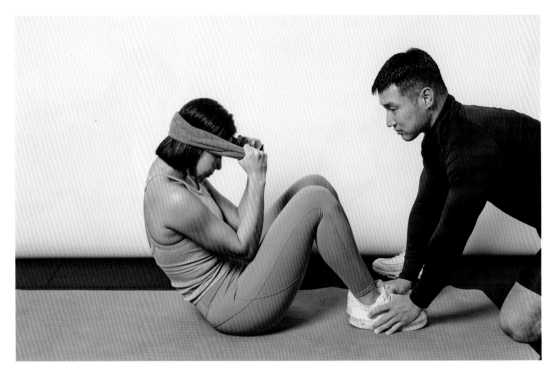

3 무조건 많이 올라오려고 하지 말고, 팔꿈치가 고관절 쪽으로 향하고
전완이 대퇴사두에 붙을 때까지만 올라오고 가동 범위를 멈춘다.

 TIP

목을 꺾어서 올라오는 느낌이 아니라 팔을
사용해서 잡아당기는 느낌을 가져야 목에
부담 없이 운동이 가능하다.

 **CAUTION**

너무 많이 올라오는 것에 집중하면 오히려
올라온 후에 복근에 텐션이 빠지고 쉬는
동작을 취하게 된다.

양선수의 핵심 노트

싯업의 핵심은 가동 범위이다. 모든 복근 운동의 범위는 이완할 때는 허리가 꺾이기 직전까지, 수축할 때는 복근에 텐
션이 빠지기 직전까지이다. 이 두 가지만 잘 지켜도 복근 운동을 효과적으로 할 수 있다.

크런치
CRUNCH

≫ 크런치는 상복부 위주 운동으로 하체를 써서 하복부를 보조근으로 개입시켜주는 운동이다. 복근 운동 중에서도 난이도가 매우 낮으며 특히 다른 운동들과 달리 허리의 개입이 굉장히 적어서 효과적이다.

1 벤치나 바닥에 누워서 수건을 잡고 뒤통수의 가장 편한 곳에 댄다. 무릎을 편하게 굽힌 상태에서 발목을 교차시킨다. 가슴과 어깨는 항상 말려있는 상태를 유지한다.

 TIP

수건을 잡고 있는 팔을 사용해서 올라오려고 해야 목 부상을 피할 수 있다.

 **CAUTION**

운동하는 도중에 허리가 바닥에서 떨어질 경우 허리의 개입이 커지니 주의하자.

TIP

무릎도 허리가 떨어지지 않는 지점까지
보내줘야 하복부의 참여율이 높아진다.

CAUTION

허리가 바닥에서 뜨는 즉시 허리를
사용하게 되니 무슨 일이 있어도 허리가
바닥에서 떨어지면 안 된다.

2 상체와 무릎을 서로 멀리하면서 허리가 바닥에서 떨어지지 않는 최대
지점까지 이완시킨다.

TIP

항상 머릿속으로 허리와 등으로 바닥을
눌러준다고 생각한다. 그렇게 해야 제대로
된 가동 범위를 잡을 수 있다.

CAUTION

허리와 등의 중앙 부위가 바닥을 누르는
것이지 억지로 많이 올라오려고 하면 안
된다. 오히려 허리와 등이 과하게 말리고,
목을 꺾어서 올라오는 동작이 나오므로
부상의 원인이 된다.

3 팔꿈치와 무릎이 가까워지게 만들면 등 중앙부터 요추까지 바닥을 강하게
누르게 된다. 그렇게 복근이 수축되면 가동 범위를 멈춘다.

양선수의 핵심 노트

크런치는 절대 가동 범위에 욕심을 많이 내면 안 된다. 운동 특성상 움직임이 크지 않을 뿐이지 복근의 수축과 이완을
모두 할 수 있는 훌륭한 운동이므로 가동 범위보다는 복근의 움직임과 텐션 유지에 집중해야 한다.

상복부

케이블 크런치
CABLE CRUNCH

≫≫ 케이블 크런치는 중량을 이용하는 복근 운동 중 가장 대표적인 운동이다. 다른 복근 운동은 중량을 올리는 것이 어렵기 때문에 대부분 맨몸으로 진행하는 반면 케이블 크런치는 케이블 머신을 사용하기에 중량을 쉽게 올릴 수 있다.

 TIP

팔을 사용해서 복근을 수축하기 때문에 억지로 바를 뒤통수에 붙일 필요가 없다.

 CAUTION

상체를 숙였을 때 케이블이 수직보다 몸 반대쪽으로 더 기울면 균형잡기가 어려워진다.

1 무게를 정하고 바를 잡고 선다. 바와 몸과의 거리는 수축을 했을 때 케이블이 수직이나 수직보다 몸쪽으로 조금 더 기울어 있는 각도가 나오도록 설정한다.

2 가슴과 등이 말려
있는 상태로
복근을 늘릴 때 허리가
꺾이기 직전까지를
가동 범위로 잡는다.

 TIP

케이블 크런치는 스탠딩
상태에서 진행되므로 복근을
이완할 때 뒤로 빠져있던
엉덩이가 살짝 앞으로
들어가면서 상체가 서는
느낌을 가진다.

 CAUTION

많이 늘리려고 허리가 꺾일
때까지 이완시키면 스트레칭만
될 뿐 복근에 텐션이 빠지니
주의한다.

3 팔꿈치로
고관절을
찍는다고 생각하면
복근에 수축이
일어난다.

 TIP

팔꿈치로 고관절을 찍는
느낌이면 등과 허리가 둥글게
말리면서 앞으로 들어갔다가
엉덩이가 뒤쪽으로 빠지면서
늘어나는 것을 느낄 수 있다.

 CAUTION

수축할 때 무릎이 살짝 굽는
것은 괜찮지만 쭈그려 앉는
동작이 나오면 자칫 복근에
수축을 느끼지 못하고 많이
내려가기만 하므로 주의해야
한다.

양선수의 핵심 노트

모든 복근 운동은 상부와 하부가 같이 개입해야 효과적인데 케이블 크런치의 경우는 하복부의 개입이 적을 수밖에
없다. 다만 다른 운동들에서는 불가능한 중량 증가가 가능하다는 장점이 있다.

플랭크 크런치
PLANK CRUNCH

≫ 플랭크 크런치는 코어 운동인 플랭크의 원리를 이해하면 쉽게 할 수 있는 매우 효과적인 복근 운동이다. 기존의 플랭크 자세에서 엉덩이를 위아래로 살짝 조절함으로써 플랭크가 되거나 플랭크 크런치가 되는 것이다.

1 팔꿈치를 몸 아래에 놓고 상체를 안정되게 지지한다. 몸을 수평으로 만들고 발끝으로 하체를 지지한다.

 TIP

팔꿈치로 바닥을 눌러주는 느낌을 가지면 가슴과 어깨가 벌어지지 않고 상체를 올바르게 고정할 수 있다.

 CAUTION

가슴이나 어깨가 벌어지면 등이 접히고 어깨가 뒤로 빠져서 상체를 바르게 고정할 수도, 복근에 텐션을 제대로 유지할 수도 없게 된다.

 TIP

엉덩이뿐만 아니라 엉덩이와 요추 부분을
아래로 내리는 느낌을 잡아야 복근이
전체적으로 자극을 느낄 수 있다.

 **CAUTION**

너무 많이 내려오면 허리가 꺾이면서 그
즉시 허리로만 버티는 동작이 되므로
주의한다.

2 엉덩이를 내리면서 허리가 꺾이기 직전에 가동 범위를 멈추고 복근으로
버틴다. 이때 상체와 뒤꿈치는 양쪽으로 살짝 멀어지게 된다.

 TIP

등 중앙부터 요추 그리고 허리까지 위로
모두 들리는 느낌을 가지면 상복부부터
하복부까지 참여율이 높아진다.

 **CAUTION**

몸을 가운데로 밀어주지 못하고 한쪽
편으로 쏠리게 되면 복근을 전체적으로
훈련할 수 없다.

3 팔꿈치와 발끝을 이용해서 가운데로 밀어내며 요추와 엉덩이가 위로
올라가면 복근에 수축이 일어난다.

양선수의 핵심 노트

많은 사람들이 플랭크 크런치를 단지 버티는 코어 운동으로만 알고 있는데, 플랭크에 대해 잘 알고 있다면 자연스럽
게 습득되는 운동이다. 복근 운동뿐만 아니라 모든 운동이 왜 원리를 이해하는 것이 중요한가를 알려주는 효과적인
운동이다.

시티드 니업
SEATED KNEE UP

>>> 시티드 니업은 하복부 운동으로 알려져 있지만 상복부가 보조근으로 개입하는 복근 전체 운동이다. 다만 하체를 주로 사용하는 운동이므로 하복부의 개입이 상대적으로 클 수밖에 없다.

TIP

벤치에 있는 손은 균형을 잡는 용도로만 사용해야 복근에 전체적으로 텐션을 유지할 수 있다.

CAUTION

어깨와 가슴을 말아놓지 못하고 벌어질 경우 허리가 꺾여서 복근에 텐션을 유지할 수 없게 된다.

1 벤치 끝에 앉아서 다리를 뻗었을 때 손으로 벤치를 잡지 않더라도 앞뒤로 균형을 잡을 수 있는 각도를 만들고, 그 후에 손으로 벤치를 잡고 준비 자세를 설정한다.

2 발뒤꿈치로 대각선 아래를 밀어주는 느낌을 가지면 다리가 몸에서 멀어지고, 이때 상체는 자연스럽게 뒤쪽으로 눕게 된다. 허리가 꺾이기 직전까지 움직여서 가동 범위를 멈춘다.

 TIP

무릎을 펴고 하면 하체 쪽에 중량이 많이 실린다. 따라서 처음에는 발뒤꿈치를 밀어주고 당기면서 무릎이 자연스럽게 굽었다가 펴지는 방식으로 하는 것이 좋다.

 CAUTION

발뒤꿈치를 밀어서 하체가 상체에서 멀어지게 할 때 정면보다는 바닥 쪽으로 밀어줘야 앞뒤로 균형을 잘 잡을 수 있다.

3 무릎을 얼굴 쪽으로 향하게 하면서 접어주는 동시에 얼굴도 마중 나가는 동작을 취해서 복근을 수축시킨다.

 TIP

하체를 당길 때 상체도 같이 움직여야 균형을 잡기 쉽고, 상부부터 하부까지 전체적으로 수축할 수 있다.

 CAUTION

너무 빠르고 과격하게 수축시킬 경우 허리에 불필요한 자극을 줄 수 있으므로 속도를 조절해서 너무 빠르지 않게 해야 한다.

양선수의 핵심 노트

시티드 니업은 복근 운동 중에 균형을 가장 어렵게 잡아야 하는 운동이다. 처음에는 익숙하지 않더라도 연습을 통해 차츰 익숙해지면 나중에는 벤치에 손을 대지 않아도 수행이 가능해진다.

행잉 레그 레이즈
HANGING LEG RAISE

≫ 원래 모든 복근 운동은 상하부 복근의 참여율이 높아야 하는데, 행잉 레그 레이즈의 경우 상체 움직임이 극단적으로 제한되기 때문에 하복근의 참여율이 월등히 높다. 그리고 상체가 매달려서 수행하기 때문에 처음에는 몸 앞뒤로 균형을 잡는 것이 굉장히 어려워 복근 운동 중에 난이도가 가장 높다.

 TIP

만약 그립에 힘이 빠진다면 스트랩을 사용하는 것도 좋은 방법이다.

 CAUTION

어깨 관절이 빠질 정도로 늘어뜨리면 하체를 사용하는 행잉 레그 레이즈 특성상 흔들리는 움직임이 많아서 어깨를 다칠 수도 있으므로 어깨 관절을 단단하게 고정해야 한다.

1 양손으로 손잡이를 꽉 잡고 매달린다. 매달린 상태에서 허리가 꺾이기 직전까지만 자세를 조절해서 준비한다.

2 다리를 내리면서 허리가 꺾이지 않는 지점에서 가동 범위를 멈춘다. 이때 뒤로 빠져 있던 엉덩이가 살짝 앞으로 들어오게 된다.

 TIP

무릎을 너무 과하게 펴면 다리를 드는 동작이 어려워지기 때문에 무릎을 살짝 굽힌 상태로 고정해서 진행한다.

 CAUTION

허리가 꺾일 때까지 다리를 내리면 복근에 텐션이 빠지면서 단순히 매달려있는 스트레칭이 된다.

3 발끝을 멀리 던진다는 느낌을 가지면 앞으로 나와 있던 엉덩이가 살짝 뒤쪽으로 빠지게 되고 요추와 등도 말리게 된다.

 TIP

발끝을 던질 때 상체도 살짝 마중 나가는 느낌을 가져야 상복부의 개입을 가져갈 수 있다.

 CAUTION

발을 높이 드는 것에 집중하면 허리에 무리가 갈 수 있으므로 자신의 유연성이나 근력에 맞게 최대한 들어준다.

양선수의 핵심 노트

행잉 레그 레이즈는 매달려서 하는 운동이므로 앞뒤 균형을 잡는 것이 굉장히 어렵고, 균형을 잡기 위해 운동 리듬을 잘 타는 것이 중요하다. 다리를 들 때 엉덩이가 뒤로 빠지고 다리를 내릴 때 엉덩이가 앞으로 들어오는 동작을 리드미컬하게 수행할 수 있도록 많은 연습이 필요하다.

레그 레이즈
LEG RAISE

≫ 레그 레이즈는 행잉 레그 레이즈와 마찬가지로 상체 움직임이 제한되므로 하복근의 개입이 극단적으로 많은 운동이다. 상체를 견고하게 고정시켜야 하체를 제대로 사용해서 하복근 운동을 할 수 있다.

1 벤치에 누워서 팔을 머리 위로 들고 벤치를 단단하게 잡는다. 무릎을 너무 많이 펴지 않고 자연스럽게 살짝 굽혀서 고정한다.

 TIP

상체가 움직이지 않게 하체를 고정해야 하는 운동이므로 손으로 벤치를 단단하게 잡는 것이 매우 중요하다.

 **CAUTION**

무릎을 억지로 완전히 펴면 자연스러운 동작을 잡을 수 없으므로 살짝 굽혀준다.

다리를 드는 운동이지만 오히려 요추로
벤치를 누른다고 생각하고, 그렇게 하기
위해서 다리를 들어서 도움을 준다고
생각하면 더 좋은 자극을 느낄 수 있다.

벤치를 요추로 눌러주면 가동 범위를
멈추어야 하는데, 다리를 과도하게 들어서
수행할 경우 오히려 허리에 무게가 많이
실릴 수 있으므로 주의한다.

2 다리를 들어서 요추가 벤치에서 떨어지지 않게 오히려 강하게 눌러주는
느낌을 가지고 가동 범위를 멈춘다.

팔로 벤치를 단단히 잡으면 다리를 내리는
과정에서 딸려가지 않게 할 수 있다.

레그 레이즈의 경우 이완할 때 허리가
꺾일 정도로 움직이면 운동 특성상 허리에
굉장히 큰 무게가 실리므로 특히 주의한다.

3 다리를 아래로 내리면서 허리가 꺾이기 직전까지를 가동 범위로
제한한다.

양선수의 핵심 노트

레그 레이즈를 무턱대고 다리를 많이 들고 많이 내리는 운동이라고 생각하는 사람들이 많다. 핵심은 허리가 패드에서
절대 떨어지면 안 된다는 것이고, 이렇게 해야 제대로 수행할 수 있는 운동이다.

사이드

바이시클 메뉴버
BICYCLE MANEUVER

>>> 바이시클 메뉴버는 흔히 자전거 타기 복근 운동이라고 불리며, 전거근과 외복사근 등 복부 바깥쪽의 개입이 매우 큰 운동이다. 복근의 중앙뿐 아니라 사이드에도 신경을 써줘야 하는 이유는 사이드 근육이 조금 더 입체적인 복근 모양을 만드는 데 큰 도움이 되기 때문이다.

1 벤치나 바닥에 누워서 수건의 양쪽 끝을 길게 잡고 뒤통수의 가장 편한 곳에 댄다.

 TIP

머리가 아니라 수건을 잡고 있는 팔의 팔꿈치를 사용해서 운동을 진행해야 목에 긴장 없이 수행할 수 있다.

 **CAUTION**

양쪽을 번갈아서 수행하는데, 수행하는 쪽의 허리가 바닥에서 떨어지면 복근에 텐션을 유지할 수 없다.

 TIP

자전거를 타듯이 팔꿈치와 무릎이 같이
구르는 상상을 하면 느낌을 잡는 데 도움이
많이 된다.

 CAUTION

마찬가지로 수축시키고자 하는 곳의 반대편
등과 허리가 바닥에 붙어 있어야 되기
때문에 무조건 많이 올라오려고 하지 말고
자신의 가동 범위에 맞게 동작을 수행해야
한다.

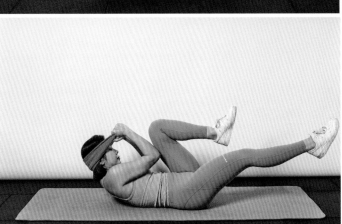

2 오른쪽 무릎을 당겨서 왼쪽 팔꿈치로 찍는다고 하면 오른쪽 허리로 바닥을
누르고, 이때 오른쪽 팔꿈치와 왼쪽 다리는 멀어지면서 오른쪽 전거근과 왼쪽
외복사근은 이완되고, 왼쪽 전거근과 오른쪽 외복사근은 강하게 수축된다. 반대로 왼쪽
무릎을 당겨서 오른쪽 팔꿈치로 찍는다고 하면 왼쪽 허리로 바닥을 누르고, 이때 왼쪽
팔꿈치와 오른쪽 다리는 멀어지면서 왼쪽 전거근과 오른쪽 외복사근은 이완되고,
오른쪽 전거근과 왼쪽 외복사근은 강하게 수축된다. 무릎을 굽혀서 당길 때 반대편
팔꿈치로 위에서 아래로 긁어준다는 느낌을 가지면 자극을 느끼기에 효과적이다.

양선수의 핵심 노트

연습이 굉장히 많이 필요한 운동이다. 운동방식을 숙지하고 처음에는 과연 자신이 운동하고자 하는 반대편이 바닥을
제대로 누르고 있는지를 확인해야 한다. 복근의 입체적인 모양을 만드는 데 결정적인 역할을 하는 운동으로 복근 필
수 운동 중 하나이다.

케이블 사이드 크런치
CABLE SIDE CRUNCH

»» 케이블 사이드 크런치는 중량을 이용해서 전거근이나 외복사근 등 사이드 복근을 공략하며 중량을 효과적으로 다룰 수 있는 운동이다.

 TIP

양발 사이의 간격은 처음에는 대략 30cm 정도면 적당하나 무게가 올라갈수록 간격이 벌어진다.

 CAUTION

상체를 숙였을 때 케이블이 수직보다 몸 반대편으로 더 기울면 균형잡기가 어렵다.

1 운동하려는 사이드 쪽의 팔로 바를 잡고 서는데, 케이블이 나오는 방향과 일직선상에 운동하려는 사이드 쪽의 발을 두고 반대쪽 발은 ㄱ자가 되게 설정한다. 운동하지 않는 쪽의 손으로 사이드를 누르고 진행하면서 텐션이 빠지지 않는지 확인한다.

TIP

케이블 크런치는 왼쪽 사이드를 이완할 때 오른쪽 엉덩이가 살짝 앞으로 들어가면서 상체가 틀리는 느낌이 난다.

CAUTION

많이 늘린다고 오른쪽 허리 뒤쪽이 꺾일 때까지 이완시키면 왼쪽 사이드 텐션이 빠지므로 주의한다.

2 왼쪽 사이드를 이완할 때 오른쪽 허리 뒤쪽이 꺾이지 않는 지점까지를 가동 범위로 설정한다.

 TIP

몸을 옆으로 틀어서 잡았기 때문에
왼쪽 팔꿈치로 고관절을 찍어주면 왼쪽
사이드가 자연스럽게 케이블을 향하게
되고, 반대로 오른쪽 뒤편이 뒤로 빠지는
것을 느낄 수 있다.

 **CAUTION**

양발의 간격을 너무 좁게 잡으면 중량이
올라갔을 때 앞뒤로 균형을 잡지 못하고
앞쪽으로 치우쳐서 운동 효과가 반감되므로
주의한다.

3 왼쪽 팔꿈치를 접으면서 왼쪽 고관절을 찌른다고 생각하면 왼쪽 사이드에 자극이
강하게 들어간다. 이때 오른쪽 엉덩이가 살짝 뒤쪽으로 빠지는 것을 느낄 수 있다.

양선수의 핵심 노트

케이블 사이드 크런치는 사이드 복근을 자극할 때 가장 편하게 중량을 올릴 수 있는 운동이다. 그만큼 운동에 대한 원
리만 이해한다면 동작이 매우 쉽고 강한 자극을 줄 수 있는 좋은 운동이다.

CHAPTER
08

양선수의
PT 프로그램

운동 종목당 세트수 설정 원리 보통 4~5세트를 많이 하고 많게는 6세트까지도 수행한다. 또한 운동 중에 자극이 좋아서 또는 자극이 부족해서 세트수를 늘리거나 줄이기도 한다. 필자는 무조건 3세트를 수행하는데, 자극의 좋고 나쁨에 상관없이 3세트를 마치면 그 종목은 무조건 끝낸다. 이유는 운동 집중력을 중시하기 때문이다. 운동이 잘 되든 안 되든 상관없이 한 종목당 3세트로 설정하면 1세트 혹은 2세트부터 뒤에 세트가 얼마 남지 않았다는 조바심이 생기는데, 이러한 생각이 매 세트를 소중히 여기게 만들고 집중력을 높여준다. 운동에 중요하지 않은 세트는 없다. 한 세트, 한 세트에 최선을 다하고 집중해야 한다. 그래서 3세트를 강력히 추천한다.

세트당 수행 횟수 설정 원리 세트당 수행 횟수를 설정할 때는 본인의 운동 수행 능력과 집중력을 고려해야 한다. 횟수가 너무 적으면 근육을 충분히 지치게 할 수 없고, 운동 수행 능력이 부족해도 근육에 충분한 자극을 줄 수 없다. 반면에 횟수가 너무 많으면 집중력을 유지하기 어렵고 수행 자체만 생각하게 된다. 일단 무게는 정확한 자세와 자극을 느낄 수 있는 가장 무거운 무게를 정한다. 3세트를 수행한다는 가정 하에, 1세트는 대략 20회 정도까지 수행할 수 있는 무게를, 2세트는 10회를 넘길 수 있는 무게를 정한다. 그리고 마지막 3세트는 5~9개를 수행할 수 있는 무게를 정한다. 이렇게 할 경우 중량과 수행 횟수 모두 만족할 수 있다. 횟수 설정 원리는 집중한 상태로 충분한 자극을 줄 수 있느냐가 핵심이다.

PROGRAM #01

무분할 입문자 주 6회 10주 프로그램

요일	부위	운동	세트
월요일	복근	준비운동 싯업 | p.194	3세트
	가슴	플랫 벤치 바벨 프레스 | p.52	3세트
	등	와이드 그립 랫 풀 다운 | p.109	3세트
	어깨	시티드 로우 | p.128	3세트
	팔(이두)	바벨 컬 | p.150	3세트
	하체(앞)	스쿼트 | p.22	3세트
	하체(뒤)	남자 레그 컬 | p.33	3세트
		여자 스티프 레그 데드리프트 | p.36	3세트
화요일	복근	준비운동 크런치 | p.197	3세트
	등	클로즈 그립 랫 풀 다운 | p.112	3세트
	어깨	사이드 래터럴 레이즈 | p.138	3세트
	팔(삼두)	케이블 익스텐션 | p.175	3세트
	하체(앞)	레그 프레스 | p.25	3세트
	하체(뒤)	남자 레그 컬 | p.33	3세트
		여자 힙 데드리프트 | p.39	3세트
	가슴	플랫 벤치 덤벨 프레스 | p.55	3세트
수요일	복근	준비운동 케이블 크런치 | p.199	3세트
	어깨	시티드 덤벨 숄더 프레스 | p.142	3세트
	팔(이두)	투 암 덤벨 컬 | p.153	3세트
	하체(앞)	런지 | p.28	3세트
	하체(뒤)	남자 카프 레이즈 | p.48	3세트
		여자 힙 쓰러스트 | p.41	3세트
	가슴	플랫 체스트 프레스 머신 | p.59	3세트
	등	와이드 그립 스탠딩 케이블 하이 로우 | p.115	3세트

요일	부위	운동	세트
목요일	복근	준비운동 플랭크 크런치 | p.201	3세트
	팔(삼두)	라잉 트라이셉스 익스텐션 | p.177	3세트
	하체(앞)	레그 익스텐션 | p.31	3세트
	하체(뒤)	남자 레그 컬 | p.33	3세트
		여자 아웃 타이 | p.46	3세트
	가슴	플랫 플라이 머신 | p.63	3세트
	등	풀업 | p.117	3세트
	어깨	리어 델트 플라이 머신 | p.135	3세트
금요일	복근	준비운동 시티드 니업 | p.203	3세트
	하체(앞)	스쿼트 | p.22	3세트
	하체(뒤)	남자 스티프 레그 데드리프트 | p.36	3세트
		여자 이너 타이 | p.44	3세트
	가슴	플랫 덤벨 플라이 | p.67	3세트
	등	클로즈 그립 시티드 로우 | p.97	3세트
	어깨	사이드 래터럴 로우 | p.140	3세트
	팔(이두)	프리처 컬 | p.164	3세트
토요일	복근	준비운동 행잉 레그 레이즈 | p.205	3세트
	가슴	인클라인 벤치 바벨 프레스 | p.70	3세트
	등	루마니안 데드리프트 | p.100	3세트
	어깨	프론트 레이즈 | p.146	3세트
	팔(삼두)	벤치 딥스 | p.189	3세트
	하체(앞)	레그 프레스 | p.25	3세트
	하체(뒤)	남자 카프 레이즈 | p.48	3세트
		여자 힙 데드리프트 | p.39	3세트

2분할 입문자 주 6회 10주 프로그램

요일	부위	운동	세트
월요일 가슴, 팔, 하체(앞)	복근	준비운동 레그 레이즈 | p.207	3세트
	가슴	플랫 벤치 덤벨 프레스 | p.55	3세트
		인클라인 벤치 덤벨 프레스 | p.73	3세트
	팔(이두)	원 암 케이블 컬 | p.156	3세트
	팔(삼두)	케이블 푸시 다운 | p.179	3세트
	하체(앞)	스쿼트 | p.22	3세트
		레그 프레스 | p.25	3세트
화요일 등, 어깨, 하체(뒤)	복근	준비운동 바이시클 매뉴버 | p.209	3세트
	등	랫 풀 다운 | p.132	3세트
		와이드 그립 시티드 로우 | p.94	3세트
	어깨	랫 풀 다운 | p.132	3세트
		사이드 래터럴 레이즈 | p.138	3세트
	하체(뒤)	남자 레그 컬 | p.33	3세트
		남자 스티프 레그 데드리프트 | p.36	3세트
		여자 힙 데드리프트 | p.39	3세트
		여자 힙 쓰러스트 | p.41	3세트
수요일 팔, 하체(앞), 가슴	복근	준비운동 케이블 사이드 크런치 | p.211	3세트
	팔(삼두)	클로즈 그립 벤치 프레스 | p.181	3세트
	팔(이두)	컨센트레이션 컬 | p.159	3세트
	하체(앞)	레그 프레스 | p.25	3세트
		런지 | p.28	3세트
	가슴	인클라인 체스트 프레스 머신 | p.76	3세트
		딥스 | p.85	3세트

요일	부위	운동	세트
목요일 어깨, 하체(뒤), 등	복근	준비운동 싯업 | p.194	3세트
	어깨	시티드 로우 | p.128	3세트
		시티드 밀리터리 바벨 프레스 | p.144	3세트
	하체(뒤)	남자 레그 컬 | p.33	3세트
		남자 카프 레이즈 | p.48	3세트
		여자 아웃 타이 | p.46	3세트
		여자 이너 타이 | p.44	3세트
	등	벤트 오버 바벨 로우 | p.103	3세트
		원 암 덤벨 로우 | p.106	3세트
금요일 하체(앞), 가슴, 팔	복근	준비운동 플랭크 크런치 | p.201	3세트
	하체(앞)	레그 프레스 | p.25	3세트
		런지 | p.28	3세트
	가슴	플랫 벤치 덤벨 프레스 | p.55	3세트
		인클라인 덤벨 플라이 | p.82	3세트
	팔(이두)	해머 컬 | p.172	3세트
	팔(삼두)	오버헤드 덤벨 원 암 익스텐션 | p.184	3세트
토요일 하체(뒤), 등, 어깨	복근	준비운동 행잉 레그 레이즈 | p.205	3세트
	하체(뒤)	남자 레그 컬 | p.33	3세트
		남자 스티프 레그 데드리프트 | p.36	3세트
		여자 레그 컬 | p.33	3세트
		여자 힙 데드리프트 | p.39	3세트
	등	랫 풀 다운 | p.132	3세트
		슈러그 | p.123	3세트
	어깨	랫 풀 다운 | p.132	3세트
		사이드 래터럴 레이즈 | p.138	3세트

3분할 주 6회 프로그램

요일	부위	운동	세트
월요일 등, 어깨	복근	준비운동 싯업 | p.194	3세트
	등	와이드 그립 랫 풀 다운 | p.109	3세트
		클로즈 그립 랫 풀 다운 | p.112	3세트
		클로즈 그립 시티드 로우 | p.97	3세트
	어깨	시티드 로우 | p.128	3세트
		사이드 래터럴 레이즈 | p.138	3세트
		시티드 덤벨 숄더 프레스 | p.142	3세트
화요일 가슴, 팔	복근	준비운동 케이블 크런치 | p.199	3세트
	가슴	플랫 벤치 덤벨 프레스 | p.55	3세트
		플랫 플라이 머신 | p.63	3세트
		인클라인 벤치 바벨 프레스 | p.70	3세트
	팔(삼두)	케이블 익스텐션 | p.175	3세트
		케이블 푸시 다운 | p.179	3세트
	팔(이두)	바벨 컬 | p.150	3세트
수요일 하체	복근	준비운동 바이시클 메뉴버 | p.209	3세트
	하체(앞)	레그 프레스 | p.25	3세트
		스쿼트 | p.22	3세트
		런지 | p.28	3세트
	하체(뒤)	남자 레그 컬 | p.33	3세트
		남자 스티프 레그 데드리프트 | p.36	3세트
		남자 카프 레이즈 | p.48	3세트
		여자 레그 컬 | p.33	3세트
		여자 스티프 레그 데드리프트 | p.36	3세트
		여자 힙 데드리프트 | p.39	3세트

요일	부위	운동	세트
목요일 어깨, 등	복근	준비운동 행잉 레그 레이즈 | p.205	3세트
	어깨	리어 델트 플라이 머신 | p.135	3세트
		사이드 래터럴 로우 | p.140	3세트
		시티드 밀리터리 바벨 프레스 | p.144	3세트
	등	와이드 그립 스탠딩 케이블 하이 로우 | p.115	3세트
		풀업 | p.117	3세트
		루마니안 데드리프트 | p.100	3세트
금요일 팔, 가슴	복근	준비운동 플랭크 크런치 | p.201	3세트
	팔(이두)	21렙스 | p.168	3세트
		컨센트레이션 컬 | p.159	3세트
	팔(삼두)	클로즈 그립 벤치 프레스 | p.181	3세트
	가슴	인클라인 벤치 덤벨 프레스 | p.73	3세트
		스탠딩 인클라인 케이블 플라이 | p.79	3세트
		플랫 체스트 프레스 머신 | p.59	3세트
토요일 하체	복근	준비운동 케이블 사이드 크런치 | p.211	3세트
	하체(뒤)	남자 레그 컬 | p.33	3세트
		남자 스티프 레그 데드리프트 | p.36	3세트
		남자 카프 레이즈 | p.48	3세트
		여자 힙 데드리프트 | p.39	3세트
		여자 힙 쓰러스트 | p.41	3세트
		여자 이너 타이 | p.44	3세트
	하체(앞)	스쿼트 | p.22	3세트
		런지 | p.28	3세트
		레그 프레스 | p.25	3세트

5분할 주 6회 로테이션 프로그램

요일	부위	운동	세트
1일차 하체	복근	준비운동 싯업 | p.194	3세트
	하체(앞)	레그 프레스 | p.25	3세트
		스쿼트 | p.22	3세트
		레그 익스텐션 | p.31	3세트
	하체(뒤)	남자 레그 컬 | p.33	3세트
		남자 스티프 레그 데드리프트 | p.36	3세트
		남자 카프 레이즈 | p.48	3세트
		여자 힙 데드리프트 | p.39	3세트
		여자 힙 쓰러스트 | p.41	3세트
		여자 레그 컬 | p.33	3세트
2일차 가슴	복근	준비운동 행잉 레그 레이즈 | p.205	3세트
	가슴	인클라인 벤치 덤벨 프레스 | p.73	3세트
		인클라인 체스트 프레스 머신 | p.76	3세트
		인클라인 덤벨 플라이 | p.82	3세트
		플랫 벤치 덤벨 프레스 | p.55	3세트
		디클라인 체스트 프레스 머신 | p.88	3세트
		디클라인 케이블 플라이 | p.90	3세트
3일차 등	복근	준비운동 바이시클 메뉴버 | p.209	3세트
	등	랫 풀 다운 | p.132	3세트
		암 풀 다운 | p.120	3세트
		루마니안 데드리프트 | p.100	3세트
		벤트 오버 바벨 로우 | p.103	3세트
		원 암 덤벨 로우 | p.106	3세트
		슈러그 | p.123	3세트

요일	부위	운동	세트
4일차 어깨	복근	준비운동 케이블 크런치 | p.199	3세트
	어깨	랫 풀 다운 | p.132	3세트
		리어 델트 플라이 머신 | p.135	3세트
		사이드 래터럴 레이즈 | p.138	3세트
		사이드 래터럴 로우 | p.140	3세트
		시티드 덤벨 숄더 프레스 | p.142	3세트
		시티드 밀리터리 바벨 프레스 | p.144	3세트
5일차 팔	복근	준비운동 케이블 사이드 크런치 | p.211	3세트
	팔(이두)	21렙스 | p.168	3세트
		인클라인 벤치 투 암 덤벨 컬 | p.162	3세트
		케이블 바이셉스 컬 | p.166	3세트
	팔(삼두)	케이블 익스텐션 | p.175	3세트
		원 암 케이블 익스텐션 | p.187	3세트
		케이블 푸시다운 | p.179	3세트

장소협찬 트리니티 피트니스 헬스 PT 청라

당신의 **PT**를 종결시킬 단 한 권! »»»»

양선수의
온라인 PT

초판 1쇄 발행 2024년 2월 17일
초판 2쇄 발행 2024년 2월 29일

지은이 양선수(양대욱)
펴낸이 김영조
편집 김시연 | **디자인** 이병옥 | **마케팅** 김민수, 조애리 | **제작** 김경묵 | **경영지원** 정은진
사진 이과용 | **모델** 이재덕, 이다영
펴낸곳 싸이프레스 | **주소** 서울시 마포구 양화로7길 44, 3층
전화 (02)335-0385/0399 | **팩스** (02)335-0397
이메일 cypressbook1@naver.com | **홈페이지** www.cypressbook.co.kr
블로그 blog.naver.com/cypressbook1 | **포스트** post.naver.com/cypressbook1
인스타그램 싸이프레스 @cypress_book | **싸이클** @cycle_book
출판등록 2009년 11월 3일 제2010-000105호

ISBN 979-11-6032-220-0   13690